개인 기술에서 팀 전술까지

축구 기본 기술·전술

이우현 감수

일신서적출판사

머리말

우리 나라와 더불어 전세계를 통틀어 축구만큼 많은 나라에서 즐기고 인기가 높은 스포츠는 없는 것 같다. 특히 월드컵을 위시한 각종 국제 경기뿐 아니라 국내 프로 경기에 대한 열의와 생활 스포츠로서 축구는 그 어느 스포츠보다 각광을 받고 있다.

이런 축구를 이해하고 즐길 수 있는 방법에는 여러 가지가 있을 것이다. 하지만 축구의 가장 기본이 되는 부분들을 알지 못한다면 그 만큼 흥미와 재미는 기대하기 어려울 것이다.

이런 의미에서 이 책은 축구의 가장 기본이 되는 기술과 전술을 중심으로 축구의 기초를 다지려고 하는 사람뿐 아니라 축구를 즐기려고 하는 모든 이들을 위한 축구의 길잡이가 될 수 있도록 하였다.

특히 제3장과 제4장에서는 축구의 기본 기술에 대하여, 제5장에서는 전술의 진수에 대하여 사진 및 그림과 더불어 자세하고도 구체적인 내용으로 서술하여 이해하는 데 어려움이 없도록 하였다. 또 제6장에서는 축구의 규칙을, 끝 부분에는 축구 용어를 원어와 함께 해설하여 이 책을 이해하는 데 도움이 되도록 하였다.

끝으로 본문 내용에 대한 감수를 해주신 대한축구협회 심판위원장을 역임하신 이우현님을 비롯한 여러분의 수고에 대해 감사드리며 또한 자료 제공에 있어서도 아낌없는 협조와 수고에 대해서도 충심으로 감사하는 바이다.

이 책은 초심자를 염두에 두고 가급적 상세하게 서술했기 때문에 많은 축구 팬 및 선수들에게 훌륭한 축구 코치의 역할을 다해 낼 줄 믿는다.

축구 기본 기술 · 전술

제1장 축구의 묘미

- ① 세계 최대의 스포츠 · 12
- ② 축구의 묘미 · 13
  - 1 끊임없이 움직인다 · · · · · · · · · · · · · · · · · · · 13
  - 2 넓은 장소에서 전개된다 · · · · · · · · · · · · · · · 14
  - 3 개인기의 묘미가 있다 · · · · · · · · · · · · · · · · 14
- ③ 스스로 즐길 수 있는 축구 · · · · · · · · · · · · · · · · 15
  - 1 이해하기 쉽다 · 15
  - 2 모두가 즐길 수 있다 · · · · · · · · · · · · · · · · · · 16
  - 3 누구든 할 수 있다 · · · · · · · · · · · · · · · · · · · 16
  - 4 옥외에서 하는 전신 운동이다 · · · · · · · · · · · 18
  - 5 협동심을 기를 수 있다 · · · · · · · · · · · · · · · · 18
  - 6 다른 종목의 훈련 과정으로 이용할 수 있다 · · 19
- ④ 축구의 관전법 · 20

제2장 축구의 역사

- ① 축구의 유래 · 22
- ② 축구협회 성립 이전의 축구 · · · · · · · · · · · · · · 23
- ③ 축구협회와 국제축구연맹 · · · · · · · · · · · · · · · 26

제3장 축구의 기본 기술 Ⅰ

- ① 연습 계획을 작성하기 위하여 · · · · · · · · · · · · 30
  - 1 연습의 필요성 · 30

2 자신감과 담력을 기른다 · · · · · · · · · · · · · · · · · 31
3 연습 계획의 수립 · 33
4 연습 계획의 실제 · 38
5 연습의 3단계 · 40

2 기본 기술 1 : 스톱과 패스 · · · · · · · · · · · · · · · · 43
1 스톱의 방법 · 43
2 패스의 방법(킥과 헤딩) · · · · · · · · · · · · · · · · 45

3 기본 기술 2 : 킥의 종류와 연습 · · · · · · · · · · · · 47
1 인스텝(instep, 발등) 킥 · · · · · · · · · · · · · · · · 47
2 발리(volley) 킥 · 52
3 발등으로 멈춘다(스톱 또는 트래핑) · · · · · · · 56
4 인사이드(inside, 발 안쪽) 킥 · · · · · · · · · · · · 58
5 아웃 프런트(out front, 발등의 바깥쪽) 킥 · · · · 64
6 인 프런트(in front, 발등의 안쪽) 킥 · · · · · · · 66
7 여러 가지 키킹 · 70

4 기본 기술 3 : 헤딩(heading) · · · · · · · · · · · · · · 78
1 헤딩의 용도와 종류 · · · · · · · · · · · · · · · · · · · 78
2 헤딩의 4가지 포인트 · · · · · · · · · · · · · · · · · · 79
3 선 채 앞으로 헤딩(스탠딩 헤딩 1) · · · · · · · · 80
4 선 채 옆으로 헤딩(스탠딩 헤딩 2) · · · · · · · · 82
5 선 채 뒤로 헤딩(스탠딩 헤딩 3) · · · · · · · · · · 83
6 점프 헤딩(jump heading) · · · · · · · · · · · · · · 86
7 다이빙 헤딩(diving heading) · · · · · · · · · · · · 90

제4장 축구의 기본 기술 II

1 기본 기술 4 : 여러 가지 트래핑 · · · · · · · · · · · · 94

축구 기본 기술 · 전술

 1 멈추고, 젖히고, 찬다 · · · · · · · · · · · · · · · · · 94
 2 트래핑의 종류 · 95
 3 발 안쪽으로 하는 트래핑 · · · · · · · · · · · · · 96
 4 발등으로 하는 트래핑 · · · · · · · · · · · · · · · 100
 5 발등 바깥쪽으로 하는 트래핑 · · · · · · · · · 101
 6 발바닥으로 하는 트래핑 · · · · · · · · · · · · · 103
 7 발뒤꿈치로 하는 트래핑 · · · · · · · · · · · · · 105
 8 정강이로 하는 트래핑 · · · · · · · · · · · · · · · 107
 9 넓적다리로 하는 트래핑 · · · · · · · · · · · · · 108
10 배로 하는 트래핑 · · · · · · · · · · · · · · · · · · · 110
11 가슴으로 하는 트래핑 · · · · · · · · · · · · · · · 112
12 이마로 하는 트래핑 · · · · · · · · · · · · · · · · · 116

2 기본 기술 5 : 드리블(dribble) · · · · · · · · · · · · 119
 1 오래 갖고 있으면 안 된다 · · · · · · · · · · · · 119
 2 드리블의 종류 · 120
 3 드리블의 5가지 포인트 · · · · · · · · · · · · · · 122

3 기본 기술 6 : 페인트(feint) · · · · · · · · · · · · · 128
 1 페인트도 기본 기술 · · · · · · · · · · · · · · · · · 128
 2 페인트의 3가지 포인트 · · · · · · · · · · · · · · 129
 3 페인트의 종류 · 131

4 기본 기술 7 : 볼 리프팅(ball lifting) · · · · · · · · 143
 1 볼 리프팅의 필요성 · · · · · · · · · · · · · · · · · 143
 2 볼의 컨트롤의 포인트 · · · · · · · · · · · · · · · 145
 3 발등으로 하는 리프팅 · · · · · · · · · · · · · · · 145
 4 넓적다리로 하는 리프팅 · · · · · · · · · · · · · 146
 5 이마로 하는 리프팅 · · · · · · · · · · · · · · · · · 147
 6 그 밖의 리프팅 · 148

7 그룹으로 하는 리프팅 · · · · · · · · · · · · · · · 149

5 기본 기술 8 : 태클과 차지 · · · · · · · · · · · · · · 151
   1 태클의 종류와 그 포인트 · · · · · · · · · · · · · 151
   2 스탠딩 태클(standing tackle) · · · · · · · · · · 153
   3 슬라이딩 태클(sliding tackle) · · · · · · · · · · 156
   4 어깨로 어깨를 민다(숄더 차지) · · · · · · · · · 158

6 기본 기술 9 : 스로인(throw-in) · · · · · · · · · · 161
   1 오프사이드가 없다 · · · · · · · · · · · · · · · · · 161
   2 올바른 스로인 · 162
   3 스로인은 임기 응변으로 · · · · · · · · · · · · · · 164

7 기본 기술 10 : 슈팅(shooting) · · · · · · · · · · · 167
   1 슛의 거리 · 각도 · 표적 · · · · · · · · · · · · · · 167
   2 여러 가지 슛 · 169
   3 공에서 눈을 떼지 말 것 · · · · · · · · · · · · · · 171
   4 좌 · 우 어디서나 슛할 수 있도록 · · · · · · · · 172

8 기본 기술 11 : 골키퍼(goalkeeper) · · · · · · · · 175
   1 골키퍼의 역할 · 175
   2 골키퍼의 5가지 포인트 · · · · · · · · · · · · · · 179
   3 캐칭(catching) · · · · · · · · · · · · · · · · · · · 182
   4 펀칭(punching) = 피스팅(fisting) · · · · · · · · 189
   5 디플렉팅(deflecting) · · · · · · · · · · · · · · · 191
   6 다이빙(diving) · · · · · · · · · · · · · · · · · · · 194
   7 잡은 공의 처리 · · · · · · · · · · · · · · · · · · · 196

제5장 축구의 기본 전술

1 공을 둘러싼 경쟁 · · · · · · · · · · · · · · · · · · · 200

축구 기본 기술·전술

   1 3종류의 전술 · 200
   2 전술의 2가지 포인트 · · · · · · · · · · · · · · · · 202

② 개인 전술 · 204
   1 개인 전술의 기본 · · · · · · · · · · · · · · · · · · · 204
   2 1대1에서 승리해야 한다 · · · · · · · · · · · · · 207

③ 그룹 전술 · 213
   1 패스를 받는 움직임-공간으로 달린다 · · · · · · 214
   2 패스를 보낼 때는 신호를 보내지 않는다 · · · · 215
   3 패스하고 달린다(pass and go) · · · · · · · · 218
   4 패스 연습은 실전에 맞게 · · · · · · · · · · · · · 218
   5 패스의 콤비네이션 · · · · · · · · · · · · · · · · · 222
   6 삼각 패스-첫 번째 패스가 중요하다 · · · · · · 223
   7 둔각으로 벌린다-전개의 기본 · · · · · · · · · · 224
   8 짧게 그리고 길게 · · · · · · · · · · · · · · · · · · 224

④ 수비 전술 · 226
   1 마크-술래잡기의 술래가 된다 · · · · · · · · · · 226
   2 마크의 3원칙 · 227
   3 합세하여 수비한다 · · · · · · · · · · · · · · · · · 230
   4 패인은 분업(分業)에서 · · · · · · · · · · · · · · 233
   5 지역 수비와 대인 방어 · · · · · · · · · · · · · · · 235
   6 수비는 공격의 출발 · · · · · · · · · · · · · · · · · 239

⑤ 그룹 전술의 연습 · · · · · · · · · · · · · · · · · · · 241
   1 코치의 역할 · 241
   2 수비자가 없는 연습 : 4인 1조 · · · · · · · · · · 243
   3 1대1 · 244
   4 2대1(삼각 패스) · · · · · · · · · · · · · · · · · · · 244
   5 2대1(볼 키핑) · 245

축구 기본 기술·전술

    6 2대2 · 245
    7 3대1 · 246
    8 3대2 · 247
    9 3대3의 게임 · · · · · · · · · · · · · · · · · 247
   10 3대3 플러스 1 · · · · · · · · · · · · · · 247
   11 4대2 · 248
   12 4대4 · 249
   13 5대5 · 250
   14 5대5 플러스 1 · · · · · · · · · · · · · · 251
   15 6대6 · 251
   16 하프 매치(half match) · · · · · · · · · · 252
   17 8대8의 경기 · · · · · · · · · · · · · · · · · 253

6 팀(team) 전술 · 254
    1 승리하기 위한 집단 전술 · · · · · · · · · · · 254
    2 공격의 전술 · · · · · · · · · · · · · · · · · · · 260
    3 수비의 전술 · · · · · · · · · · · · · · · · · · · 266

7 시스템(system) · 272
    1 시스템이란 · 272
    2 시스템의 역사 · · · · · · · · · · · · · · · · · 273
    3 WM 포메이션의 포인트 · · · · · · · · · · 279
    4 4-3-3시스템의 포인트 · · · · · · · · · · · 282
    5 수비 라인의 수비법 · · · · · · · · · · · · · 285

8 아웃 오브 플레이로부터의 전술 · · · · · · · · · · 292
    1 중단 후의 재개는 신속히 · · · · · · · · · · 292
    2 코너 킥으로부터의 공격 · · · · · · · · · · 293
    3 코너 킥에 대한 수비 · · · · · · · · · · · · 295
    4 프리 킥으로부터의 공격 · · · · · · · · · · 296

5 프리 킥에 대한 수비 · · · · · · · · · · · · · · · · · · 299

제6장 경기 규칙

1 경기장 · 304
2 공 · 306
3 경기자의 수 · 306
4 경기자의 장비 · 308
5 경기 시간 · 309
6 경기 개시와 재개 · · · · · · · · · · · · · · · · · · 310
7 인 플레이와 아웃 오브 플레이 · · · · · · · · · 311
8 득점 방법 · 312
9 오프사이드(offside) · · · · · · · · · · · · · · · · 312
10 반칙과 부정 행위 · · · · · · · · · · · · · · · · · · 315
11 프리 킥(free kick) · · · · · · · · · · · · · · · · · 323
12 패널티 킥(penalty kick) · · · · · · · · · · · · 324
13 스로인(throw-in) · · · · · · · · · · · · · · · · · 325
14 골 킥(goal kick) · · · · · · · · · · · · · · · · · · 326
15 코너 킥(corner kick) · · · · · · · · · · · · · · · 327
16 유소년 경기 축소 규칙(초등 학교 경기) · · · · 327

축구 용어 해설 · 329

제 1 장

축구의 묘미

1 세계 최대의 스포츠 12
2 축구의 묘미 13
3 스스로 즐길 수 있는 축구 15
4 축구의 관전법 20

1. 세계 최대의 스포츠

축구는 세계적으로 가장 널리 행해지고 있는 스포츠이다. 야구의 경우에는 우리 나라를 비롯하여 미국, 일본, 필리핀, 멕시코, 네덜란드, 남아메리카의 여러 나라 등 한정된 지역에서 즐기고 있는 데 불과하다.

반면, 축구는 전세계의 거의 모든 나라에서 행해지고 있다고 해도 과언이 아니다. 유럽과 아메리카, 아시아는 물론, 아프리카의 여러 나라에서도 축구를 즐기지 않는 나라가 거의 없다. 유럽이나 남아메리카의 경우, 유명 프로 팀들간의 시합에는 10만 명 이상의 관중이 모인다고 한다.

우리 나라에서도 흔히 볼 수 있는 광경이지만, 외국의 어느 나라에서도 눈에 띄는 것은 어린이들이 길거리에서 공을 차며 놀고 있는 모습이다. 다시 말해 축구를 제외하고는 세계의 모든 나라에서 많은 관중을 동원하고 어린이들까지도 즐길 수 있는 스포츠는 별로 없을 것이다. 축구는 세계 최대의 스포츠이며, 가장 재미있는 스포츠이다.

2. 축구의 묘미

"축구는 정말로 흥미 있는 스포츠인가?"라고 묻는 사람이 간혹 있다. 이런 물음에 대한 대답은 달리 없다. 축구가 가지고 있는 매력에 대한 대답은 좋은 시합을 여러 번 관전하다 보면 저절로 얻어낼 수가 있을 것이다. 또한, 자기 스스로 공을 차기 시작해 보면, 그 매력에 이끌려 싫증을 느끼지 않는 것이 축구라는 운동의 특징임을 알 수 있을 것이다.

축구로의 입문은 "넓고 깊이가 있으며, 상냥하며 또한 어렵다."라고 표현할 수 있는데, 그것이 바로 축구의 매력이다. 그럼, 축구가 흥미로운 스포츠로 각광을 받고 있는 이유를 알아보자.

1 끊임없이 움직인다

끊임없이 새로운 장면이 연출된다. 즉, 변화가 다양하여 다른 어떤 경기에서도 똑같은 장면이 연출되는 경우란 없다.

이러한 축구의 묘미를 살리기 위해, 현대 축구에서는 가급적 경기를 중단시키지 않으려고 하는 것이 세계적인 추세이다.

2 넓은 장소에서 전개된다

흔히 축구의 매력은 속도감, 즉 빠른 경기 진행에 있다고들 한다. 그러나, 단순한 속도감만으로는 축구가 가진 매력을 설명할 수 없다. 넓은 장소에서 종횡으로 빠르게 전개되는 데에 여느 스포츠와는 다른 축구의 묘미가 있다.

3 개인기의 묘미가 있다

축구는 단체 경기이고, 팀(team)은 11명의 개인들로 이루어져 있다. 뛰어난 플레이는 그 나름대로 훌륭하며, 11명의 개인기가 1개의 팀을 이루고, 득점으로 연결시키려는 과정에서 구성의 묘미를 찾아볼 수 있다.

축구는 단체 경기 중에서 개인의 기교가 가장 필요한 종목 중의 하나이다.

팀 플레이도 개인기가 바탕이 되고 있으므로, 축구를 관전하는 사람들이 선수 개개인의 개인 기술에도 주목하는 것은 어쩌면 당연한 귀결이라 하겠다.

3. 스스로 즐길 수 있는 축구

축구는 관전하는 것도 흥미롭지만, 직접 플레이를 하는 쪽이 더욱 즐겁지 않을까 생각된다. 시합을 보고 '축구는 정말 재미있다.'라는 생각이 들었다면, 다음에는 반드시 스스로 공을 차며 경기하는 즐거움을 맛보기 바란다.

축구는 특히 청소년들의 스포츠로써 가장 적당하다고 생각된다. 그럼 축구에는 어떤 장점이 있는지 알아보기로 하자.

1 이해하기 쉽다

축구의 경기 규칙(rule)은 모두 17조로 규칙 자체가 간단한 점도 있지만, 무엇보다도 발로 공을 다루는 데서 비롯되는 즐거움이 크다.

손에 비하면 발은 상대적으로 정교함이 떨어지는 편이다. 그러나, 발로 공을 다루기 시작하면 현저하게 익숙해져감을 스스로 깨닫게 된다. 이러한 쾌감으로 말미암아 축구에 대한 흥미가 더욱 높아진다.

2 모두가 즐길 수 있다

 야구의 경우, 외야를 수비하는 선수는 공을 한 번도 만져 보지 못하고 경기를 끝내는 경우도 있으며, 타석에는 한 시합에 보통 서너 차례 들어서는데, 그때마다 삼진을 당함으로써 공을 쳐 보지도 못하는 경우도 있다.
 그러나, 축구에서는 언제나 전원이 쉴 새 없이 플레이를 한다. 설사 자기 쪽으로 공이 오지 않는 상황이라도 경기의 전체적인 흐름을 파악하고 적절한 위치를 선정하고 있어야 하며, 부분 전술을 구사할 수 있는 순발력이 있어야 한다.
 그래서, 경기에 임하는 선수들 모두가 팀 플레이에 참가하고 있는 기분을 맛볼 수 있다. 물론 야구의 경우에도 수비 팀 전원이 일투일타에 신경을 쓰기는 하지만, 그 정도까지 이해하려면 야구에 대하여 전문적인 지식을 지니고 있어야 한다.

3 누구든 할 수 있다

 축구는 키가 작은 사람이든, 체중이 가벼운

사람이든 저마다의 특징을 살려 즐길 수가 있다. 발은 빠를수록 바람직하지만, 조금 느려도 감당할 수 있다.

축구는 육상 경기 같은 스포츠와는 매우 다른 점이 있으므로, 단순히 취미 정도로 즐기는 데는 나이라든가 신체 조건과 상관없이 가능한 종목이다.

▲ 축구의 장점
어른이든 어린이든 누구나 즐길 수 있는 옥외 전신 운동이다.

4 옥외에서 하는 전신 운동이다

유소년 팀에서 축구를 즐기고 있는 어린 선수들에게 "왜 축구를 시작했느냐?"고 물었더니, "건강해지려면 축구를 하라고 어머니가 권해서 시작하게 됐다."고 대답하는 선수가 많았다고 한다.

사실, 넓고 푸른 하늘 아래서 마음껏 뛰고 달리는 것은 어린이들의 건강을 위해서나 꿈을 키워 주는 데도 안성맞춤이다.

5 협동심을 기를 수 있다

육상 경기와 같이 개인 종목을 하는 사람과 축구와 같이 단체 경기를 하는 사람은 성격상으로 다른 점이 많다. 개인적 스포츠에도 장점이 많지만, 팀 경기의 장점은 무엇보다도 동료들간에 협동 정신을 기를 수가 있어서 좋다는 점이다. 제아무리 천재적인 실력을 지닌 선수일지라도 혼자서 축구를 할 수는 없다.

여러 명이 서로 협력하는 마음가짐을 기를 수 있게 된다.

6 다른 종목의 훈련 과정으로 이용할 수 있다

올림픽 선수촌의 연습장에서 외국의 육상 선수나 권투 선수가 축구를 하는 광경을 간혹 볼 수 있다고 한다. 물론, 단순한 유희로써 축구를 하는 경우도 있지만, 코치의 지도 아래 훈련의 한 과정으로 축구를 하고 있는 것이다.

이상 열거한 사실 외에도 축구의 장점은 헤아릴 수 없을 정도로 많다. 다른 스포츠를 하는 외국의 일류 선수 중에도 어렸을 때에는 축구를 한 경력을 가진 선수가 많이 있다. 유도에서 금메달을 땄던 네덜란드의 헤싱크, 올림픽 마라톤을 2연패한 에티오피아의 아베베, 선수 생활 중 무패를 기록한 채 은퇴한 멕시코 태생의 세계 페더급 챔피언인 사르지발과 같은 권투 선수 등이 그 대표적인 예이다.

특히, 체격이나 근력이 아직 충분히 발달되지 않은 청소년들에게 있어서는 축구만큼 기교적이며 전신 운동이 되는 종목은 없을 것이다.

4. 축구의 관전법

축구를 관전하는 데는 복잡한 사전 지식이 필요 없다. 축구를 처음으로 보는 사람이라도 30분 정도 보고 나면, 경기 규칙을 대충은 알 수 있게 된다. 야구의 규칙은 책 한 권 분량이 될 수 있을 만큼 많고 상세하나, 축구의 규칙은 단지 17조밖에 없다.

"축구 규칙 중 가장 중요한 것은 제18조이다."라는 말이 있다. 제18조는 일종의 건전한 식견, 즉 상식(常識)이나 양식(良識)을 은유적으로 표현한 것으로, 실제로는 공식 규칙에 없는 것이다.

축구를 처음 대하는 사람에게는 다소 이해하기 어려운 것이 오프사이드(offside)의 규칙이다. 이 규칙을 요약하면, "상대방 뒤쪽에서 대기하면 안 된다."라는 것으로, 제6장의 경기 규칙의 그림 설명과 함께 간단한 해설을 보면 알 수 있을 것이다.

그 밖에 자세한 사항은 시합을 관전하거나 실제로 축구를 하게 되면 자연스럽게 알 수 있다.

제 2 장

축구의 역사

1 축구의 유래 22
2 축구협회 성립 이전의 축구 23
3 축구협회와 국제축구연맹 26

1. 축구의 유래

 일명 사커(soccer)라고 불리는 축구는 1863년 12월 8일 화요일, 런던에서 11개 축구 클럽(football club) 대표들이 모여 만든 명칭이다.
 그 이전에는, 잉글랜드의 각 지방, 각 학교, 각 클럽이 각기 독자적인 경기 규칙에 따라 자기들만의 독특한 축구 경기를 즐겼다.
 그러나, 런던(London)과 그 주변의 클럽 상호간의 대외 시합이 자주 거행됨에 따라 통일된 규칙이 필요하게 되면서 11개 클럽이 1863년 10월 26일에 협회를 결성하여 이것을 '축구협회(Football Association)'라고 부르게 되었다.
 그 다음 해에 통일된 경기 규칙을 작성하여, 이것을 '축구협회 규약(Football Association Laws)'이라고 명칭하였다. 그 후 이것을 간략하게 부르기 위해 영국 대학생들의 속어 법칙에 따라 'association'의 첫 음절인 'as'를 생략하고, 제2음절인 'soc'의 끝 자음 'c'를 겹쳐, 'socc'로 부르다가, 거기에 'er'을 붙여 'soccer', 즉 오늘날의 '사커'라는 이름으로 불려지게 된 것이다.

2. 축구협회 성립 이전의 축구

발로 공을 차는 팀 경기인 축구는 여러 나라에서 여러 가지의 각기 다른 규칙에 따라 행해졌었다. 중국에서는 전한(前漢) 시대인 기원전 200년부터 투축(投蹴)이라 부르는 공을 차는 경기가 행해졌다고 한다.

기원전 3세기경에 그려진 로마(Rome)나 이집트의 벽화를 보면 공을 차는 그림이 있다. 그런가 하면, 고대 로마인들은 털을 가죽 속에 뭉쳐 넣어 만든 공을 던지는 게임인 하르파스툼(harpastum)을 즐겼다고 전해진다.

영국에서 축구 경기가 기록에 나타난 것은 12세기가 되어서다. 그것은 슈로브타이드(Shrovetide) 축구라고 부르는데, 사순절(四旬節, 예수가 황야에서 수난받은 것을 기념하는 부

▲ 버브릭 스쿨의 게임 전경

활제 전야까지의 40일간)에 접어드는 전날인 고해 화요일(告解火曜日)에 제례 행사로 투계(鬪鷄) 등과 같은 여흥으로 축구를 행한 기록이다.

이 고해 화요일에 행하는 축구는 당시의 청소년들 사이에 널리 보급되어 갔는데, 13세기와 14세기에 이르러 더욱 열광적인 인기로 얻으며 파급되어, 그 때문에 청소년들이 다른 무예를 게을리한다든가 부상자가 속출한다든가 하는 소동 때문에 일반 시민에게까지 피해를 입히는 사태까지 벌어졌다.

그래서, 국왕에 의한 축구 금지령이 15세기 후반까지 여러 번 공포되었다. 또한, 16세기에는 교회의 예배를 게을리한다는 이유로 청교도로부터 공격을 받아 일반 대중의 축구는 차츰 쇠퇴되어 갔다.

그런데, 해외와 교류하는 기회가 많아짐에 따라 이탈리아의 귀족 계급이 '카루초'라는 게임을 즐기고 있다는 사실에 자극되어 상류 사회층에서 축구가 다시 유행하기 시작했고, 또한, 단체 경기가 갖는 교육적 가치가 재인식됨에 따라, 축구가 각급 학교에 널리 보급되기 시작했다.

1638년, 제임스 1세는 축구가 단결력과 조직력을 길러 주어 국방면에서 크게 도움이 된다고 판단하고, 축구 금지령을 없애고, 오히려 전 세계에 산재해 있는 영국 식민지에도 축구를 보급시키기에 이르렀다.

3 축구협회와 국제축구연맹

　1863년에 축구협회가 성립할 때의 가입 클럽은 11개였으나 6년 만에 29개로 증가했다.
　그 뒤, 영국은 국장을 축구협회(FA)의 총재로 추대했으며, 1870년에는 런던에 있는 몇 개의 클럽 가운데 잉글랜드 태생의 선수와 스코틀랜드 태생의 선수를 구분하여 2개 팀이 대항전을 벌이게 하였다.

▲▶ **월드컵**

월드컵의 창시자의 이름을 따서 일명 줄 리메(Jules Rimet) 컵이라고도 한다. 왼쪽의 컵은 58년에서 70년까지 3회 우승한 브라질이 영구 획득했고, 오른쪽 컵은 74년부터 FIFA 자체가 마련한 컵으로 우승팀에 복제하여 수여한다.

1871년에는 축구협회 이사인 C. W. 오르콕 씨의 제안에 의해 축구협회컵 쟁탈 선수권 대회가 창설되었다. 제1회 대회의 참가 신청은 15개 팀이었는데, 1876년에는 37개 팀으로 신장되었다.

런던을 중심으로 잉글랜드 내에 축구협회식 축구가 보급됨에 따라 1873년에는 스코틀랜드 축구협회가 설립됐고, 1876년에는 웨일스 축구협회가, 1880년에는 아일랜드 축구협회가 설립되었다.

또한, 빅토리아 여왕 치하의 영국의 해외 발전에 수반하여, 영국에서 탄생한 축구는 세계 각국에 소개되어 1882년에는 남아프리카 공화국에 축구협회가 조직됨을 계기로 1889년에는 덴마크, 1891년에는 뉴질랜드, 1893년에 아르헨티나, 1898년에 이탈리아, 1900년에는 독일 및 우루과이에서 계속해서 축구협회가 조직되어 이들 7개국에 의해 1904년에 FIFA(Fédération Internationale de Football Association - 약칭 FIFA, 국제축구연맹)가 결성되었다. 그리하여, 오늘날에는 이 FIFA의 가맹 회원국은 UN 가맹국 수에 가까운 엄청난 조직으로 발전했으며, 경기 인구는 전세계적으로 8억 명이 넘는

것으로 조사되고 있다.

세계적인 경기 대회로는, 올림픽 대회의 정식 종목으로 치러지는 것과 FIFA 주관으로 올림픽 중간 해에 4년마다 열리는 세계축구선수권대회(일명 월드컵)가 있다.

제3장

축구의 기본 기술 Ⅰ

1 연습 계획을 작성하기 위하여 30
2 기본 기술 1 : 스톱과 패스 43
3 기본 기술 2 : 킥의 종류와 연습 47
4 기본 기술 3 : 헤딩(heading) 78

1. 연습 계획을 작성하기 위하여

1 연습의 필요성

축구의 첫걸음은 우선 시합을 하는 데 있고, 실력이 향상되려면 시합의 경험이 많을수록 좋다. 그리고, 축구를 하는 최종 목적은 물론 시합을 즐기는 데 있다.

그러나, 축구의 어느 수준까지 도달하려면, 경기 경험만으로는 향상될 수 없는 한계가 있다. 즉, 시합 중에 한 사람의 선수가 공을 접촉하는 횟수 자체는 많지 않기 때문에 축구에서 가장 중요한 공을 다루는 기술을 시합만으로는 충분히 습득할 수 없기 때문이다.

90분간의 정식 시합에서 한 선수가 공을 접촉하는 횟수는 평균 80회 정도이고, 보유 시간도 중심 역할을 하는 선수의 경우라도 최고 2분 30초에 불과하다는 통계가 있다.

시합을 할 때는, 자기편과 상대편의 선수들 22명이 1개의 공을 가지고 하기 때문에 한 선수가 공을 접촉하는 기회가 이처럼 짧은 것은 당연하다. 그 적은 기회마저 공을 정확하게 다루지 못했을 경우에는 상대편에게 넘겨 주게 되어 접촉하는 시간은 더욱 줄어든다. 시합 외에 기본 기술, 즉 볼 컨트롤 연습이 필요한 까닭은 바로 여기에 있다.

 연습에서는 시합의 몇백 배에 해당되는 시간과 횟수를 정해 두면 얼마든지 공을 접할 수가 있다. 이 기회를 통하여 정확하고 민첩하게 공을 다루는 기술을 몸에 익혀 두는 일이 무엇보다 중요하다.

 물론, 팀 플레이나 체력을 단련하는 데는 연습이 필요하지만 한 사람 한 사람의 볼 컨트롤이 우선 앞서야 한다.

 공을 다루는 솜씨가 좋아지려면 공에 접촉하는 시간이 많을수록 좋다. 그러기 위해서는 모든 선수들이 각자 공을 1개씩 준비하여 연습해야 한다.

2 자신감과 담력을 기른다

 기본 기술은 자기가 마음 먹은 대로 공을 멈추게 하거나, 패스 또는 드리블하기 위한 것이다. 실제 시합 중에 쓰이는 기술을 중점적으로 되풀이하면서 연습하도록 한다. 연습 그 자체

가 '연습을 위한 연습'으로 그치고 말아 실제 시합에서 이를 활용하지 못하면 아무 소용이 없다. 연습할 때는 잘하던 선수가 막상 시합에 임해 상대편과 맞붙게 되면 제대로 해내지 못하는 경우가 많다.

이런 점으로 미루어 볼 때, 실제 시합 때에는 상대편도 자기와 똑같은 승부욕을 가지고 대항하기 때문에 연습에서 쌓은 기술을 충분히 발휘할 수 있는 담력도 함께 길러 자신 있게 플레이할 수 있어야 한다.

그러면, 기본 기술이란 어떤 것인가에 대하여 중요한 마음가짐을 들어보기로 한다.

(1) 실제 시합에서 구사한다

기본 기술은 실제 시합 중에 반드시 되풀이 구사되는 것이다. 여러 가지 기본 연습의 형태가 있으나 이 모든 형태의 연습은 바로 그러한 형태로 시합 중에 연출된다는 것을 알아 두도록 한다.

(2) 누구에게나 필요한 것이다

기본 기술은 축구를 처음 배우는 사람이나 올림픽이나 월드컵에 출전하는 대표 선수나

마찬가지로 필요한 것이다. 초보자나 프로 선수도 언제나 기본 기술을 되풀이하여 연습해야 한다.

(3) 어느 포지션에서도

기본 기술은 포지션에 관계 없이 축구를 하는 사람 모두에 필요하다. 골키퍼 역시 다른 포지션의 선수와 마찬가지로 기본 기술을 몸에 익혀야 한다.

(4) 시합과 연습의 관계

축구를 처음 시작하는 어린 선수들이나 프로 선수도 시합을 위해 기본 연습을 하며, 시합을 통해 무엇을 연습하지 않으면 안 되는가를 발견하게 된다. 아무리 실전 경험을 쌓아도 기본 기술의 연습 없이는 실제 경기에서 도움이 되지 못한다.

3 연습 계획의 수립

(1) 90%는 공을 가지고

공에 많이 접촉하고 공에 익숙해지는 것이 기본 연습의 최대의 목적이다. 가능한 한 많은

▲ 공을 사용하는 체조
신체 단련을 위한 트레이닝도 공을 이용하는 수가 있다. 트레이닝에 열심인 선수들.

사람이 오랫동안 공에 접촉할 수 있도록 연습 계획을 세워야 한다.

그러기 위해서는 될 수 있는 대로 공을 많이 준비하는 것이 좋다. 그리고, 워밍업이나 러닝 등에도 가능한 한 공을 이용하는 것이 좋다. 그래야만 연습의 대부분을 공을 다루며 실시할 수 있다.

예를 들면, 연습에 들어가기 전에 한 사람이 공 1개씩을 가지고 볼 리프팅(ball lifting)을 하면 워밍업(warming-up)을 겸할 수가 있다. 또 정리 운동에 스로인(throw-in) 연습을 포함시키는 것도 좋다.

(2) 능률적으로

한정된 연습 시간 내에 각자가 가능한 한 공을 많이 접촉하기 위해서는 능률적인 연습 형식에 대해 연구해야 한다.

한 가지 연습 형식으로 많은 목적을 아울러 달성할 수 있다. 예를 들면, 혼자서 할 수 있는

워밍업이나 개인적인 연습은 단체 연습 전에 각기 자기 컨디션에 따라 마치게 한 다음, 다음 연습은 볼 키핑(ball keeping)과 공을 뺏는 개인 기술의 연습과 동시에 패스와 수비의 그룹 전술의 연습을 한다.

또, 격심한 동작 사이에 가벼운 연습을 섞어 인터벌(interval) 형식이 되게 연습하는 것이다.

[예] 4명 1조

① 2명이 패스를 주고받는 볼 키핑. 1명이 공을 뺏으러 간다(2대1의 형태).

② 공을 뺏으면 뺏은 선수는 쉬고, 쉬었던 사람이 공격측(공을 키핑하고 있는 쪽)에 들어가고 실패하여 빼앗긴 사람이 수비(공을 뺏으러 간다)로 들어간다.

(3) 간간이 휴식 시간을 가진다

격심한 연습과 가벼운 연습을 섞어 인터벌 형식의 계획을 세운다. 실제 시합에서도 격하게 움직일 때와 가볍게 움직일 때가 있다. 이와 마찬가지로 하루의 연습 중에도 심한 연습과 가벼운 연습을 적절히 짜야 한다.

또, 1주간 단위의 연습 계획에도 흥미를 가

지게 하기 위해서는 경쟁 형식과 게임 형식을 포함시키는 방법도 취해진다.

(4) 즐거운 기분으로 단련시킨다

연습이란 어느 정도 심하고 엄하게 실시해야 하지만, 동시에 선수들이 흥미를 가지고 의욕적으로 임할 수 있도록 배려하지 않으면 안 된다. 이러한 배려는 유·소년 팀의 연습뿐만 아니라 성인 팀의 연습에서도 마찬가지이다.

흥미를 가지게 하기 위해 경쟁 형식과 시합 형식을 취하는 방법 등이 있다. 또 그룹으로 나누어 시합에 가까운 실전적 게임을 실시하여 우승을 다투게 하는 것도 바람직하다.

[경쟁 형식]

① 그룹으로 나누어 헤딩 연습.
② 각 그룹을 세로 1줄로 세우고 한 사람이 선두에 있는 사람과 마주 향하고 공을 던져 주는 역할을 담당한다.
③ 던져 준 공을 헤딩으로 던져 준 사람 몸 앞으로 되받아 넘긴 다음 맨 뒷줄로 달려간다.
④ 빨리 한 그룹이 승리.

4 연습 계획의 실제

 연습 계획은 선수의 사정이나 시합의 일정, 팀의 수준 등에 따라 달라진다. 지도자가 팀이 처한 상황과 처지를 잘 관찰하여 결정하는 것과 어떤 모델을 그대로 응용하여 계획을 세우는 것과는 큰 차이가 있다. 또, 일단 세운 계획이라 할지라도 선수들의 사정, 시합의 방법 등에 따라 수정하지 않으면 안 된다.

(1) 연간 계획

 연간 트레이닝 계획은 보통 다음과 같이 나누어 세운다.
① 시즌 전 : 기초 체력, 기술.
② 시즌 중 : 콤비네이션(combination).
③ 시즌 후 : 다른 스포츠를 한다.

 시즌 중 처음부터 끝까지 최고의 컨디션을 유지하기란 매우 어렵다. 최상의 컨디션을 유지할 수 있는 기간은 대개 4주간 정도이다. 어느 시합의 경우에도 마찬가지이지만, 특히 중요한 대회를 치를 때에는 최상의 컨디션을 유지할 수 있도록 각별히 신경을 써야 한다.

(2) 주간 계획

시즌 중에는 일반적으로 일요일에 시합하고, 1주당 4일(1일 1시간 30분에서 2시간)을 연습한다. 시합 다음날은 쉬고, 전날에는 가볍게 컨디션을 조절하는 정도로 그친다.

시합 다음날 미팅을 하며, 전날 있었던 시합에 대하여 토론과 반성을 하는 것이 좋다. 또한 다음날 있을 시합을 위해 지도자는 선수들의 사기 앙양에 유의한다. 프로그램 구성에 리듬을 가질 필요가 있다.

[예] 일요일 : 시합
　　　월요일 : 휴식(각자 10~15분간 체조)
　　　화요일 : 강도 높은 연습(개인적 기술을 중심으로)
　　　수요일 : 가벼운 연습(콤비네이션)
　　　목요일 : 강도 높은 연습(콤비네이션)
　　　금요일 : 가벼운 연습(코너 킥, 슛, 스로인 등의 부분적 팀 플레이 등)
　　　토요일 : 체조

(3) 1일 계획

하루의 연습 시간은 1시간 30분 또는 2시간

정도이다. 특별한 합숙 훈련 때는 오전과 오후로 나누어 3~4시간 연습을 한다. 청소년들의 경우에는 1일 1시간에서 1시간 30분이 알맞다.

연습 내용을 어떻게 짤 것인가 하는 문제는 각 팀의 사정과 연습 목적에 따라 천차만별이므로, 지도자가 그때그때의 상황에 맞추어 잘 짜야 한다.

일반적으로 먼저 가벼운 워밍업부터 시작하여 강도 높은 연습과 가벼운 연습을 적당히 섞어 가며 서로 다른 2~4가지 종목을 내용과 형식 면에서 잘 조화시킨다. 또한, 실전과 다름없는 그룹 연습을 실시하기 위해 두 팀으로 나누어 연습 게임을 하기도 한다. 그리고, 코너 킥이나 스로인 등의 팀 플레이 연습을 마지막으로 한다.

유·소년 팀일 경우에는 개개인의 능력 향상을 주목적으로 삼되 반드시 게임을 한 차례씩 하는 것이 좋다.

5 연습의 3단계

하나의 플레이에 대한 연습은 대개 다음과 같이 3단계로 나누어 실시하는 것이 좋다.

(1) 기초 연습

정지 상태에서의 연습. 전신에 힘을 빼고 (50% 정도의 힘으로) 정확한 자세를 익힌다. 처음에는 공을 사용하지 않고 다음에는 공을 가지고 실시한다.

(2) 응용 연습

움직이면서 하는 연습. 움직임을 더하면서 기초 연습을 행하는데, 익숙해짐에 따라 움직임의 속도를 차츰 높여 간다.

(3) 실전적 연습

상대(수비자)를 두고 하는 연습. 처음에 상대방은 선 채로, 다음에는 실전과 똑같은 방식으로 한다.

이상과 같은 3단계의 연습 방법은 순서에 따라 가르쳐야 하지만, 하나하나의 단계를 완전히 익힌 다음에 다음 단계로 이행하는 과정에 너무 얽매여서는 안 된다. 어떤 면에서 보면, 이 3단계의 관계는 시합과 연습의 관계와 유사한 점이 있어, 실전적 연습을 하면서 기초 연습으로 돌아와야 할 필요가 생기는 수가 있다.

　또, 일류 선수가 된 다음에도 기초 연습을 되풀이해야 할 필요가 있다.
　그리고, 하루의 연습 중에 이 3단계의 연습 계획을 짜고, 여기에 다른 플레이의 다른 단계의 연습을 연결시켜 하는 것도 좋다.

2 기본 기술 1 : 스톱과 패스

 축구의 기본 기술의 목적을 간단하게 말하면, 공을 멈추는 것과 자기의 것으로 하는 것, 그리고 자기편에게 넘겨 주는 것 또는 슛하는 것이다. 그래서, 처음에 멈추는 기술과 패스의 기술에 대하여 그 중요 사항을 설명하기로 한다.
 공을 멈추는 것이나 차는 것이나 신체를 사용하는 부분은 마찬가지이다.
 그러나, 그 동작은 전혀 반대이다.

1 스톱의 방법

(1) 마중 나가서 당긴다
 콘크리트 벽을 향해 공을 힘껏 차면 공이 힘차게 튀어 되돌아오는데, 커튼에 힘껏 찼을 때

▲ 스톱의 방법 ▲

는 커튼이 끌려들어 가기 때문에 공은 힘을 잃고 아래로 떨어진다. 공을 멈추게 하는 원리는 이와 같은 것이다.

공에 접촉하는 부분에서, 우선 공 쪽으로 마중을 나가 공이 오는 것에 발을 대어 당긴다. 농구에서 패스를 받을 때 두 손을 앞으로 내밀어 공을 정지시키는 데 흔히 실패하는 것은 관절의 긴장이 풀리지 않아 지나치게 힘이 들어가 있기 때문이다. 이때는 공을 정지시키는 발에 힘을 빼고 느슨히 해야 한다.

(2) 정면에서 누른다

발 안쪽으로 멈추게 하려 했으나, 공이 발의 바깥쪽으로 빠져 나가는 수가 자주 있다. 이것은 마치 야구에서 포수가 공을 글러브 앞쪽으로 끼워 잡으려다가 실패하는 것과 마찬가지이다. 글러브를 공의 정면을 향해 눌러 잡아야 하듯이, 축구공도 오는 방향의 정면에서 맞이하여야 한다.

(3) 공을 발로 덮는다

발로 공을 멈추었을 때, 발로 지면에 삼각형의 지붕 모양이 되도록 덮어 그 밑에 공을 간직하는 것이다.

　그렇게 하면 공은 빠져 나가지 않고, 위쪽이나 반대쪽으로 바운드되어 튕겨 나가지도 않는다. 상대편 선수도 이러한 공은 쉽사리 뺏으러 덤비지 않는다.

▲ 공에 지붕을 씌운다
(발바닥으로 정지)

2 패스의 방법(킥과 헤딩)

(1) 공이 닿는 부분을 고정시킬 것

　야구 방망이나 골프 클럽의 끝이 제대로 고정되어 있지 않으면 공이 어느 방향으로 날아갈지 모른다.

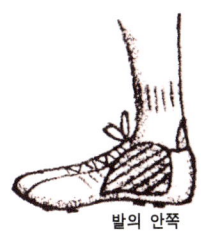   

발의 안쪽　　발등　　발등의 안쪽　　발등의 바깥쪽

▲▶ 공에 닿는 부분(오른발)

축구에서도 이와 마찬가지로, 공을 차는 부분은 동요되지 않도록 고정시키지 않으면 안 된다. 고정시키는 방법은 킥의 종류에 따라 다르다.

(2) 세운 발에 체중을 전부 얹을 것

공을 차는 발을 자유롭게 움직일 수 있도록 체중을 세운 발에 얹는다.

(3) 세운 발의 끝은 공을 차려는 방향으로 향한다

세운 발은 원칙적으로 공 바로 옆에 내딛고, 그 발끝은 공을 보낼 방향으로 향한다. 그렇게 하고 공을 차면 정확하게 그 방향으로 날아간다.

(4) 찰 때는 공을 주시한다

축구에 있어서 무엇보다 중요한 것은 한시도 공에서 눈을 떼어서는 안 된다는 점이다. 상대방을 의식하기 전에 우선 공의 방향을 쫓아야 한다.

3 기본 기술 2 : 킥의 종류와 연습

1 인스텝(instep, 발등) 킥

(1) 공의 연습부터

초보자에게 공을 처음 차게 하면 발끝으로 차려는 경우가 많다. 왜냐하면 발끝을 뻗어서 발등으로 차는 것은 발끝이 땅에 부딪치지 않을까 무척 겁을 먹게 되기 때문이다.

인스텝 킥으로 공을 다루는 것은 축구의 기본 기술 중에서 가장 중요한 것이며 자연스러운 킥인데, 올바른 킥법을 가르치려면 상당한 노력과 연구가 필요하다.

그러므로, 초보자에게 이 킥을 지도함에 있어서는 땅에 공을 놓고 차는 플레이스 킥(place kick)부터 시작하는 것이 아니라, 공중에 뜬 공부터 차는 연습을 시키는 것이 훨씬 더 효과적이다.

▲ 인스텝(발등) - 공이 닿는 부분

▲▶ 인스텝 킥(instep kick)
1 달린다.
2 가슴을 펴고 공을 주시하면서 세운 발을 내딛고 들어갈 때 차는 발의 백스윙이 시작된다.
3 세운 발은 공 바로 옆(15cm 정도)에 갖다 놓고 차는 자세로 들어간다.

연 습

먼저 발등으로 공을 다루는 감각부터 익히도록 한다.

단 독 ▶

① 발끝은 일직선으로 쭉 뻗어 발목을 고정시킨 다음, 공 없이 차는 동작을 해 본다. 처음에는 아주 천천히 그리고, 점점 힘을 주어 오른발과 왼발을 교대로 연습해 본다. 다음에는 세운 발을 내딛고 차는 발을 앞으로 뻗어 본다.

② 그물 속에 공을 넣고 늘어뜨려 놓거나 공을 끈에 매달아 손에 잡고, 차는 발을 충분히 아래를 향해

4 차는 발은 힘을 뺏다가 공이 닿는 순간에 발목에 힘을 준다.
5 찬 다음에는 힘을 빼며 발을 뻗는다.
6 체중은 언제나 세운 발에 걸려 있다.

발등으로 차는 연습을 한다.

① 두 사람이 한 조가 되어, 4~5m의 거리를 둔 채 마주 대하고, 양손으로 공을 던져 주어, 공이 땅에 닿기 전에 발등으로 찬다[발리 킥(volley kick)]. ◀ 2인 1조
② 양손으로 잡은 공을 땅에 떨어뜨려, 땅에서 튀어 오르는 것을 발등으로 차 상대방에게 넘긴다[드롭 킥(drop kick)].

(2) 땅에 놓인 공을 찬다

발끝을 일직선으로 뻗고, 발등에 공을 대는 감각을 완전히 익힌 다음, 땅에 놓인 공을 차는 연습을 한다.

발등으로 차는 방법을 익힌 후라서 땅에 발끝이 부딪칠 염려가 없으므로 마음 놓고 연습해도 된다.

연 습

단 독 ▶ 땅에 공을 놓고 먼저 자세부터 익힌다. 자세를 익힌 다음에는 공이 놓인 지점에서 2~3보 떨어진 곳에 있다가 걸음을 크게 뛰어 달려가 왼발을 공 옆에 고정시키고, 오른발을 구르듯 하여 공 아래쪽에 발등을 대고 찬다.

2인 1조 ▶ ① 2~3보 달려가 땅 위에 놓인 공을 상대방 또는 벽에 차 보낸다.
② 한 사람이 손으로 굴린 공을 다른 한 사람이 발등으로 차 보낸다. 익숙해지면 서로 발등을 사용하여 공을 차면서 주고받는다.

잔디밭 운동장에서 연습하면 효과적일 뿐만 아니라 안심하고 연습할 수 있을 것이다.

주 의

▼ 주 의 1

슈팅한 공이 똑바로 날아가지 않고 위로 떠올라 가는 것은 세운 발의 내디딤이 얕기 때문이다. 공을 땅에 놓고 차기 직전까지의 자세를 다시 한 번 점검하는 것이 좋다.

▼ 주 의 2

공이 날아가는 높낮이는 무릎을 공에 덮치는 듯이 차면 공이 낮게 구르며, 이와 반대로 무릎이 공의 후방에 있게 되면 공은 떠올라 간다.

2 발리 킥(volley kick)

발리 킥은 공이 땅에 닿기 전에 차는 킥으로, 인스텝 킥의 일종이다. 발리 킥에는 앞쪽에서 날아오는 공을 뛰어올라 차는 경우와 선 채로 옆으로 차는 경우, 그리고 뛰어올라 옆으로 차는 경우 등이 있다.

흔히 공중에 있는 높은 공을 발등으로 차는 경우가 실전에 자주 나온다. 특히 슈팅을 할 때에 매우 좋은 역할을 한다.

1　　　　2　　　　3

　이 킥을 배우는 데는 다음 세 가지 리듬을 몸에 익힐 필요가 있다.
① 차는 쪽 발에 체중을 옮기고,
② 반대쪽의 세운 발을 내딛고 체중을 실어,
③ 몸을 옆으로 넘어뜨리면서 차는 발을 충분히 올려 그라운드와 수평으로 찬다.

　체중을 세운 발에 완전히 옮기지 않으면 상체가 넘어지지 않는다. 상체가 넘어지면 넘어질수록 차는 발은 높이 올라가게 마련이다.
　인간은 몸을 기울여 사물을 보는 데 익숙하지 못하며, 공중에 떠 있는 공은 몸에서부터 떨어져 있으므로 이 킥을 몸에 익힐 때까지는 상당한 연습이 필요하다.

◀ **발리 킥**(volley kick)
1 차는 방향으로 세운 발을 놓고 차는 발을 뒤로 당긴다.
2 공을 잘 주시하며 세운 발에 중심을 얹고 차는 발이 충분히 스윙을 할 수 있는 태세를 취한다.
3 상반신을 충분히 기울여 발목을 뻗고 그라운드와 수평으로 차는 발로 스윙한다.

연 습

단 독 ▶
① 앞에서 말한 ①~③의 몸의 중심 이동에 대한 자세를 우선 연습한다.
② 혼자서 공을 위로 던져 올려 땅에 떨어져 바운드 된 것을 찬다.

2인 1조 ▶
① 1명이 던져 주는 공을 공중에서 찬다. 처음에는 그저 맞춘다는 기분으로 찬다.
② 시계추 : 한 사람이 상대방의 오른쪽 또는 왼쪽으

시계추 ▶

로 공을 던지면 상대방은 그 방향으로 달려가 공을 던진 사람에게 차 준다. 다음에는 더욱 높은 공을 던지게 하여 슛한다.

　삼각형을 만들어 한 사람이 공을 던져 주면 몸 옆으로 오는 공을 비틀어 차서 다시 다음 사람에게 넘긴다. 이것을 되풀이한다.

◀ 3인 1조

◀ 3인 1조

3 발등으로 멈춘다(스톱 또는 트래핑)

공중으로 날아오는 공을 발등으로 살짝 받아 멈추는 것으로, 인스텝 트래핑(instep trapping)이라고 하며 이러한 플레이는 기술이 향상되면 향상될수록 자주 사용된다.

굴러 오는 공을 발의 안쪽, 즉 인사이드로

▲▶ 인스텝으로 하는 스톱
1 공을 주시하며 공을 멈추게 할 발을 올려 공을 기다린다.
2 떨어지는 공의 속도에 맞추어,
3 발을 천천히 내린다.

연 습

① 공을 가볍게 위로 던져, 공이 떨어져 오는 속도에 맞추어 발을 당겨 공의 힘을 죽인다.
② 위로 던지는 공의 높이를 차츰 높게 하여, 떨어지는 공을 스톱시킨다.
③ 자기가 차 올린 공을 발등으로 스톱시킨다.

잡는 것에 비하여 공을 잡는 면적이 좁기 때문에 정확히 잡으려면 많은 연습이 필요하다.

먼저 공을 주시하면서 공을 맞이할 자세를 취한다. 그런 다음 떨어지는 공의 속도에 맞추어 발을 천천히 내린다. 발에 공이 닿는 순간 공의 힘을 죽이고 바운드되지 않도록 땅에 내려놓는다.

4 공이 닿는 순간에 공의 세력을 죽여,
5 공이 바운드되지 않도록,
6 땅으로 떨어뜨린다.

주 의

공이 발등에 닿으면 되도록 오랫동안 접촉을 유지하도록 넓적다리를 천천히 아래로 내린다.

4 인사이드(inside, 발 안쪽) 킥

(1) 칼로 잔디를 베어내듯이

인사이드 킥은 복사뼈 밑의 움푹 들어간 곳을 중심으로 한 부분, 즉 인사이드로 공을 다루는 것인데, 이 인사이드 킥은 정확하게 차야만 할 때에 가장 적합한 킥의 방법이다. 따라서, 패스나 방어의 방향 전환, 골 앞에서의 슛 등에 사용된다.

이 부분은 공이 닿는 면적이 넓어 공을 정확하게 다룰 수 있기 때문이다. 다시 말해, 야구의 배트보다 정구의 라켓이 공을 원하는 쪽으로 치기가 훨씬 더 쉬운 이치와 같다.

축구를 조금이라도 해 본 사람이라면 누구든지 인사이드 킥을 할 수가 있다. 그러나, 축구를 처음 시작하려는 어린이를 상대로 자세를 정확히 가르치기란 결코 쉽지 않다. 그것은 발끝을 올려 발목을 고정시키는 동작이 인체 구조상 자연스럽

▲ 인사이드 킥 - 공에 닿는 부분

게 행해질 수가 없기 때문이다. 그러므로, 제아무리 일류 선수라 할지라도 인사이드 킥 연습만은 빠뜨리지 않고 항상 하고 있다.

이 킥의 방법은 발목을 고정시켜 움직이지 않게 하는 것이 중요하다. 그러기 위해서는 복사뼈 밑의 움푹 들어간 부분이 공의 중심에 직각이 되도록 공과 접촉한다.

다음은 그라운드의 잔디를 칼로 살짝 베어내듯이 공을 밀어내는 감각으로 찬다.

(2) 킥의 포인트

1) 발목의 고정

공을 찰 때는 발끝을 들어, 발목이 움직이지 않게 한다.

그리고 공을 멈출 때는 발끝을 들어, 복사뼈 부분을 고정시킨다.

▲ 발목을 고정시킨다

2) 땅볼부터

인사이드 킥은 땅을 찰 우려가 없으므로 우선 땅볼을 차는 동작부터 충분히 익혀 둔다.

▲▶ 인사이드 킥(inside kick)
1 공을 주시하면서 세운 발을 차는 방향으로 내딛는다.
2 세운 발을 공의 옆(10~15cm)에 놓고,
3 세운 발에 체중을 충분히 싣는다.

연습 1

단 독 ▶

① 공 없이 발 동작만 : 세운 발에 체중을 싣고, 차는 발을 직각으로 벌려서 발목을 고정시킨다. 그라운드의 잔디를 칼로 살짝 베어내는 기분으로 찬다.

② 볼 펜듈럼 : 지상에서 높이 5~8cm 되는 곳에 공을 내려뜨리고, 인사이드로 찬 뒤 오는 공을 멈춘다.

③ 숫 판 : 땅 위에 놓은 공을 찬다. 숫 판에 맞고 튀어나온 공을 되돌려 차 보내거나 멈춘다. 처음에는 선 채로 1걸음 내딛고 차는 연습을 한 다음, 이어 1~3보 떨어져서 굴러 오는 공을 차 낸다(8~9m의 간격).

4　발끝을 올리고 발목을 고정시켜 공 중심에 댄다.
5　밀어내듯이 찬다.
6　그 상태로 내뻗는다.

약 5m의 간격을 두고 마주 선다.　　◀ 2인 1조
① 땅에 놓인 공을 인사이드로 찬다.
② 일단 스톱시켰다가 차 낸다.
③ 구르는 공을 서로 차 보낸다.
④ 왼쪽, 오른쪽으로 방향을 바꾸며 차 보낸다.
⑤ 발리 볼의 인사이드 킥 : 먼저 들고 있던 공을 살며시 떨어뜨리고, 그 공이 땅에 떨어지기 전에 인사이드 킥으로 상대방에게 차 보낸다. 다음에는 상대방이 던져 준 공을 공중에서 차 보낸다.
⑥ 드롭 킥 : 땅에 떨어뜨렸다가 튀어 올라오는 공을 차 보낸다.

▲ 공을 스톱시키는 훈련 ▲

연습 2

그룹 연습 ▶ ① 3인 1조

삼각형을 이루고 서서 오른쪽으로 돌아가며 패스 한다. 오른쪽에서 온 공을 왼발로 멈추고 오른발 로 왼쪽 사람에게 차 보낸다. 다음에는 왼쪽으로 돌아가며 차 보내는 연습을 한다.

② 전원을 2개 조로 나누어 앞 사람끼리 마주 보고 2 열 종대로 늘어선다. 앞 사람과의 간격은 5~6m. 먼저 앞 사람이 상대 조의 앞 사람에게 패스하고 상대 조의 맨 끝에 가서 선다

▲ 2개 조로 나누어 연습

▲ 5인 1조의 연습

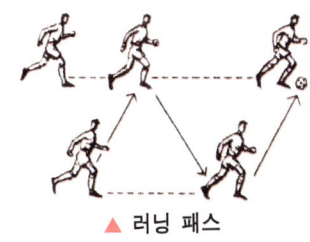

▲ 러닝 패스

그러면, 패스를 받은 사람은 상대 조의 다음 사람에게 패스한다.

③ 5인 1조(패스하고 달린다)

지름 5~6m의 원을 이루고 서서 패스를 한 상대방의 위치로 달려간다. 공을 찬 다음 그 발을 제1보로 하여 달린다.

④ 달리면서 패스(러닝 패스)

두 사람이 일정한 간격을 둔 채 어깨를 나란히 하고 달리면서 앞쪽으로 비스듬히 패스한다.

5 아웃 프런트(out front, 발등의 바깥쪽) 킥

현대 축구에서는 정확성과 세밀한 기술을 더욱 중요시하게 되었다. 흔히 발등의 바깥쪽으로 정확하고도 절묘하게 찬 공이 상대 팀을 위기에 몰아넣곤 한다.

발등의 바깥쪽으로 차는 아웃 프런트 킥은 대단히 중요한 기본 킥으로, 이 킥에는 두 가지 종류가 있다. 그 하나는 똑바로 회전이 없는 공을 차는 것과 공의 방향이 휘어지도록 하는 것이다. 이 공은 대체로 회전이 걸리므로, 직선 방향으로는 자기편에게 패스할 수 없을

1 2 3

▲▶ 아웃 프런트 킥(out front kick)
1 달린다.
2 공을 찰 발의 발목을 뻗고 안쪽(세운 발 쪽)으로 향한다.
3 세운 발을 공 옆이나 약간 뒤로 차려는 방향으로 향해 내딛는다.
   공과 발의 간격은 25~30cm.

때, 또 수비하고 있는 상대방에 대하여 반대쪽 발로써 공을 신속하게 다루는 데 좋다. 그뿐 아니라 장거리 패스 후 슛을 하는 데도 사용되며, 익숙해지면 프리 킥이나 코너 킥을 얻었을 때 휘어져 가는 멋진 슛을 할 수 있다.

　이 킥을 할 때 공이 접촉되는 부분과 상태는 새끼발가락 부분과 발목의 바깥쪽 복사뼈 등을 포함하는 발등의 바깥쪽으로 공의 중심 안쪽을 스치듯이 닿게 한다. 오른발로 찼을 경우에는 공은 우측 바깥쪽으로 잘리듯이 커브를 이룬다(왼발로 찬 경우에는 좌측 바깥쪽으로).

4 인스텝과 같은 방법으로 찬다.
5 무릎 아래뿐만 아니라 넓적다리 밑 전체에서부터 스윙하여 찰 것.
6 발목을 고정시킨다.

▼ 발등의 바깥쪽

연 습

인스텝 킥의 연습과 마찬가지 순서로 하는 것이 좋다. 먼저 볼 펜듈럼에 매달린 공을 이용하여 발을 대는 감각부터 익히는 것이 좋다.

오른발로 찼을 때의 공의 곡선

6 인 프런트(in front, 발등의 안쪽) 킥

발등의 바깥쪽으로 차는 킥과 마찬가지로 인스텝 킥의 변형으로써, 달려 들어간 방향과 같은 방향에서 똑바로 찰 때에는 보통의 인스텝 (발등의 정면)으로 차면 되는데, 각도를 바꾸어 공을 보내고자 할 때는 이 인 프런트 킥이 사용된다.

오른발로 찰 경우에는 그림과 같이 달려들어간 방향의 왼쪽으로 공을 올린다. 인 프런트 킥은 땅 위의 공을 높이 띄워 패스할 때, 상대 진영으로 공을 몰고 가서 골 정면으로 또는 사이드에서 중앙으로 보내는 패스, 즉 센터링할 때 또는 코너 킥을 할 때 등에 이용된다. 그런가 하면 회전을 걸어 멋있는 슛을 할 수도 있다.

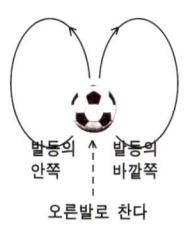
발등의 안쪽   발등의 바깥쪽
오른발로 찬다

발등 안쪽으로 찬다

공을 높이 올리고 싶을 때는 세운 발을 뒤로 하여 공의 중심보다 낮은 곳을 향해 찬다. 또, 반대로 낮은 공을 보내고 싶을 때는 세운 발을 공의 옆 중심에 세우고 찬다.

공에 회전을 주려고 할 때는 공의 중심에서 약간 바깥쪽으로 벗어난 곳을 찬다. 그러면 공은 안쪽으로 휘어지며 날아간다.

▲▶ 인 프런트 킥(in front kick)
1 차는 방향으로 공을 비스듬하게 몰아,
2 발끝을 차는 방향으로 향해 공 옆으로 내딛고 차는 발목을 고정.
3 무릎을 굽히고, 세운 발에 체중을 충분히 실어,

▼▶ 뒤에서 본 발등 안쪽을 사용한 킥

연 습

　　　　인스텝 킥의 연습과 마찬가지 순서로, 두 사람씩 한 조를 이루어 실시한다.
　　　　그러나, 이미 인스텝으로 땅볼을 차는 데는 익숙

4 공에서 눈을 떼지 말고,
5 그 자세에서 뻗어 찬다.

해졌으므로, 공을 전방으로 던져 바운드시키고 공중
에 떠 있는 공을 찬다.

1 여러 가지 키킹

축구의 기본 기술은 크게 나누어 차는 것(kicking), 받는 것(stopping), 머리로 받아치는 것(heading), 공을 운반하는 것(드리블, running with the ball), 골키퍼의 기술 등으로 분류할 수 있다.

이 여러 가지 기술 가운데 가장 중요한 기술이 바로 키킹이다. 사실 축구 경기의 대부분이 키킹에 의하여 이루어진다고 해도 과언이 아닐 정도로 키킹의 역할은 크다. 그러면, 키킹에는 어떤 종류가 있는지 이를 표로 간추려 보았다.

키킹의 원칙은 공과 닿는 부분이 넓을수록, 또 공과 접촉하는 시간이 오래일수록 킥은 정확하다.

(1) 반드시 익히지 않아도 될 킥

다음 종류의 킥은 구태여 힘들게 연습을 하지 않아도 되리라 생각된다.

이러한 킥들은 실전에서 아주 드물게, 즉 필요한 때나 눈 깜짝할 순간에 쓰여지는 것으로 오랜 경험을 쌓는 동안 자연스럽게 익혀진다.

▼ 킥의 종류

차는 부분	명 칭	주요 용도	장 점	단 점
발의 안쪽	인사이드 킥	단거리 패스	정확하고 안전하다	예측되기 쉽다
발 등	인스텝 킥	중·장거리의 패스	거리가 생긴다 정확하고 강하다	인사이드 킥보다 약간 부정확하다
	인 프런트 킥 (발등의 안쪽)	슈팅 코너 킥	거리가 생긴다 응용 범위가 넓다 변화한다	인사이드 킥보다 약간 부정확하다
	아웃 프런트 킥 (발등의 바깥쪽)	스핀(회전) 공 공중 공 송구	거리가 생긴다 동작을 간파하기 어렵다 변화한다	인사이드 킥보다 약간 부정확하다
발의 바깥쪽	아웃사이드 킥	단거리 패스 슈팅	동작이 간파되지 않는다. 변화한다	인스텝 킥보다 약하다
발 끝	토 킥	경합 중 급할 때 우천으로 무거운 공을 찰 때	빠르다	부정확·불안정
뒤꿈치	힐 킥	뒤로 짧은 패스	간파되지 않는다	부정확·불안정

1) 토(toe, 발끝) 킥

인스텝 킥의 올바른 자세를 익히고 되풀이하여 연습하지 않으면 공을 발끝으로 차기 쉽다. 발끝으로 차는 이 토 킥은 공에 닿는 면적이 좁기 때문에 부정확하므로, 보다 정확성이 요구되는 현대 축구에서는 그다지 중요시하지 않게 되었다.

① 드리블을 하고 있는 상대방을 뒤따라가 싸우다가 공을 빼앗아 발끝으로 살짝 자기편

에게 밀어 준다.
② 비가 와서 흙탕이 된 그라운드에서 무거워진 공이 자기편 골 앞에 멈췄을 때 힘껏 멀리 차 보낸다.
③ 순간적으로 상대의 수비에서 벗어나고자 할 때 앞으로 살짝 차 보낸다.

2) 힐(heel, 발뒤꿈치) 킥

힐 킥은 1867년 이전의 엄격한 오프사이드 룰이 행해진 시대에는 유효한 킥으로 사용되었던 것이나, 오늘날의 축구에서는 상대방을 속이는 이른바 '페인트(feint)'를 목적으로 하는 경우에 사용될 뿐이다.

등뒤에 떨어진 공을 뒤꿈치로 받아서 머리

▲▶ 발뒤꿈치로 공을 다룬다(힐 킥)
뒤로 떨어지는 공을 발뒤꿈치로 걸어 당겨 머리 너머로 넘겨서 앞으로 보내고 달려간다.

너머 앞으로 차 넘겨 몰고 가거나 자기편에게 패스한다. 힐 킥은 다음과 같은 방법으로 찬다.

① 차는 발의 반대쪽 발을 내딛고 발의 뒤꿈치로 찬다.
② 굴러가는 공보다 조금 더 앞으로 다가가 공이 발에 닿을 때 힘껏 찬다.
③ 공이 굴러가서 발의 아웃사이드 쪽에 닿는 순간 발을 틀어 방향을 바꾸면서 찬다.
④ 오른발 뒤에 있는 공을 왼발의 인사이드로 찬다. 이때 몸의 체중을 오른발에 실어 왼발을 자유롭게 사용할 수 있어야 한다.

3) 아웃사이드 킥(outside kick)

아웃사이드 킥은 최근 특히 중요시되고 있는 킥이다. 재빨리 공을 뺏을 수가 있으며, 상대방에게 동작이 간파되지 않는 특징이 있으므로, 실전에서 흔히 사용된다.

세운 발을 인스텝 킥의 경우보다 바깥쪽으로 딛고 들어가, 무릎 아래만을 바깥쪽으로 움직여 새끼발가락의 밑이나 또는 축구화의 바깥 가장자리로 공을 찬다. 앞서 말한 발등의 바깥쪽으로 차는 킥(아웃 프런트 킥)과는 다르다.

⑵ 변형 킥

신체의 정면에서 공을 확실하게 다루는 것이 가장 좋으나, 시합 중에는 언제나 그토록 바람직한 상황만 있을 수가 없는 것이다. 어려운 상황을 타개해 나간다든지 무리한 자세에서 득점에 연결시켜야 한다든지 또 철저한 수비를 당하면서 경기를 해 나가야 하는 현대 축구에서는, 마치 곡예를 하는 것과 같은 플레이가 흔히 연출된다. 이러한 곡예와 같은 킥 중에 다음 두 가지가 있다.

1) 오버헤드 킥(overhead kick)

오버헤드 킥은 이름 그대로 머리 너머로 차 넘기는 킥으로, 높이 떠오른 공을 공중으로 점프하여 몸을 뒤로 젖히면서, 머리 너머로 차 넘기거나, 상대편의 골을 등진 채 머리 너머로 슛하기도 한다. 넘어지는 방법, 차는 방법은 연습을 통해 배울 수 있으나, 실전에서 사용하려면 점프의 타이밍을 포착하기가 매우 어렵다.

오버헤드 킥은 인스텝 킥의 일종으로 인스텝 킥에 익숙해진 후 다음 단계로 연습에 들어간다. 즉, 앞에서 온 공을 차 보내는 연습 단계를 거쳐, 다음엔 옆에서 오는 공을 앞으로, 또는

180도 회전하여 뒤로 차는 단계가 있으며, 그 다음에 머리 너머로 차는 킥의 연습을 한다.

연 습

넘어지지 않고 찬다 : 손에 쥔 공을 앞으로 떨어뜨리고 상체를 뒤로 젖히면서 머리 너머로 차 넘긴다. 다음에는 바운드되지 않도록 같은 방법으로 찬다. ◀ 단 독

공중에 뛰어올라 찬다 : 먼저 공을 차는 반대쪽의 발끝을 공중에서 스윙하고 그 반동을 이용하여 차는 발로 공을 향해 힘껏 스윙한다(더블 킥). 맨 처음에는 자기가 바운드시킨 공을 점프하여 머리 너머로 차 넘기고 두 발로 땅에 내려 선다. 다음에는 상대방이 던져 주는 공을 점프하여 차 넘기고 등을 땅으로 향하고 넘어지면서 내려선다. ◀ 단 독 · 2인 1조

① 한 사람이 던진 공을 땅에서 바운드시킨 다음 선 채로 머리 너머로 차면 뒤에 있는 사람이 그 공을 잡는다. 다음에는 바운드시키지 말고 같은 방법으로 찬다. ◀ 3인 1조

② 던져 준 공을 선 채로 머리 너머 뒤로 찬다. 동시에 등을 땅에 대고 넘어지면서 양손으로 땅을 짚어 충격을 적게 한다.

2) 점프 발리 킥(jump volley kick)

점프 발리 킥은 옆에서 온 높은 공을 점프하여 몸을 옆으로 넘어뜨리면서 차는 킥으로 인스텝 킥의 일종이다. 또, 발리 킥에는 앞에서 날아오는 공을 점프해서 차는 경우, 선 채로

▲▶ 점프 발리 킥(jump volley kick)
1 차려는 반대쪽 발을 앞으로 박차고, 공을 차려는 발로 점프한다.
2 그 상태에서 공을 대기했다가,
3 앞으로 스윙해 올린 발을 아래로 한다.

연 습

▶ 단 독 ① 공 없이 연습

공을 차는 반대쪽 발을 먼저 올리고, 공중에서 그 발을 아래로 스윙하는 반동으로 반대쪽 발을 땅과 수평이 되도록 스윙한다.

② 공을 바운드시키며 하는 연습

옆으로 차 넘기는 경우 등이 있다.

  특히, 앞쪽에서 날아드는 공을 점프해서 차거나 몸을 옆으로 넘어뜨리면서 차는 발리 킥은 포워드가 슛할 때 또는 수비수가 앞으로 패스할 때 많이 사용된다.

4 그 반동을 이용하여 공을 차는 발을 힘껏 스윙한다.
5 공을 찬다.
6 손과 발을 사용하여 유연하게 땅에 내린다.

펜듈럼으로 연습하면 매우 좋다.

삼각형으로 연습 ◀ 3인 1조
  한 사람이 던지고 다른 한 사람은 점프 발리 킥, 나머지 사람은 멈추는 연습을 한다.

4 기본 기술 3 : 헤딩(heading)

1 헤딩의 용도와 종류

축구를 한 번도 해 보지 못한 사람으로부터 "공을 머리로 퉁기면 아프지 않느냐?"는 질문을 흔히 듣는다.

이처럼 대개의 사람들은 헤딩이란 머리로 받아 치는 줄로 아는데, 사실은 이마 정면이나 바로 그 위로 하는 것이 정확한 헤딩이다. 날아오는 공을 단단하고 넓적한 이마로 받기 때문에 아프지 않으며 정확히 다룰 수 있다.

좋은 헤딩에 의해 좋은 공격을 전개시킬 수 있으며, 방어도 할 수 있어 실제로 경기를 더욱 스피디하게 한다. 공중에 뜬 공을 내려올 때까지 기다려 발로 차는 것보다는 헤딩하는 것이 보다 효과적임은 두말 할 나위도 없다.

시합 중 헤딩을 하는 기회는 수없이 많다. 헤딩에는 스탠딩 헤딩(standing heading), 점프 헤딩(jump heading), 다이빙 헤딩(diving heading)이 있으며, 또 헤딩의 방향도 앞으로, 옆으로, 또는 뒤로 헤딩하여 공을 보낼 수 있다. 헤딩의 높이에 있어서도 여러 가지가 있다. 위로, 평행하게 또는 아래로 떨어뜨리는 헤딩의 경우도 있다.

2 헤딩의 4가지 포인트

헤딩을 처음 배우는 사람은 다음과 같은 방법으로 익히는 것이 좋다.

(1) 목을 고정시킬 것

킥을 할 때 발목이 흔들리면 안 되는 것과 마찬가지로 공이 닿는 순간 목이 흔들리면 마음 먹은 대로 정확히 공을 보낼 수가 없다.

(2) 상반신을 전부 사용할 것

목을 고정시키기 때문에 상반신을 주로 움직여 몸 전체의 반동을 이용, 공을 날려 보내지 않으면 안 된다.

또, 방향을 바꾸어 날려 보낼 때는 상반신을 그 방향으로 틀어야 한다.

▲ 헤딩은 이마로

⑶ 고개는 땅과 직각으로

이와 같이 하여 공은 이마 정면에 똑바로 닿게 하고, 이마 부분이 땅과 평행이 되도록 이동시킨다. 따라서, 헤딩을 할 때는 언제나 고개가 땅과 직각이 되게 해야 한다.

⑷ 눈을 뜨고 입은 다문다

헤딩할 때는 눈을 감지 않도록 한다. 공이 날아오는 방향을 보고, 또 헤딩하여 패스할 자기편의 움직임을 파악하고 있어야 한다. 헤딩할 때 자기의 혀를 깨무는 사고를 예방하기 위하여 입은 반드시 다문다.

▲ 눈을 뜨고 입은 다문다

3 선 채 앞으로 헤딩(스탠딩 헤딩 1)

⑴ 준비 자세

날아오는 공을 주시하면서 양 발을 좌우로 벌려도 좋다. 양쪽 무릎과 발목을 가볍게 굽히고, 상체를 뒤로 젖혀서 상반신을 활 모양으로 약간 굽힌다. 팔은 팔꿈치를 굽혀 힘을 빼고 앞으로 올린다.

▲▶ 선 채로 앞으로 헤딩
   1 양 발을 벌리고 선다.
   2 턱을 당기며, 목을 고정하고, 날아오는 공을 주시하면서, 무릎을 가볍게 굽히고 허리에서 위를 뒤로 젖혀 상반신을 활 모양으로 충분히 당기고,
   3 날아오는 공에 맞춰 허리를 중심으로 앞으로 꺾는다.
   4 이마의 중간에 맞추어 튕겨 보낸다.
   5 공을 끝까지 주시한다.

(2) 공이 접근했을 때

공이 다가옴에 따라 상체를 활 모양으로 뒤로 젖히면서 턱을 당긴다.

충분히 뒤로 젖혀서 무릎을 앞으로 내밀고, 발꿈치를 올리면서 허리를 축으로 하여 상체를 앞으로 스윙한다.

(3) 공을 때리는 순간

공은 상체의 스윙이 가속화된 곳에서 타이밍을 맞추어 이마로 헤딩한다. 눈을 감지 말고 공을 주시한다.

4 선 채 옆으로 헤딩(스탠딩 헤딩 2)

준비 자세는 앞으로 헤딩하는 경우와 마찬가지이다.

(1) 공이 접근했을 때

공이 다가옴에 따라 상체를 뒤로 활 모양으로 젖히면서 공을 보내려는 방향으로 상체를 돌린다. 동시에 무릎과 발목을 잘 굽히고 스윙 자세를 취한다.

(2) 공을 때리는 순간

공을 이마로 헤딩하기 위한 상체의 스윙은 공을 보내려는 방향으로 한다.

5 선 채 뒤로 헤딩 (스탠딩 헤딩 3)

(1) 준비 자세

공이 떨어지는 지점 아래에서 무릎과 발목을 굽히고 상체를 약간 젖혀, 가슴을 펴고 턱을 앞으로 내민 자세를 취한다.

(2) 공이 닿는 순간

공을 이마에 대면서, 발목과 무릎, 그리고 허리를 재빨리 폄과 동시에 비스듬히 뒤로 밀어 낸다.

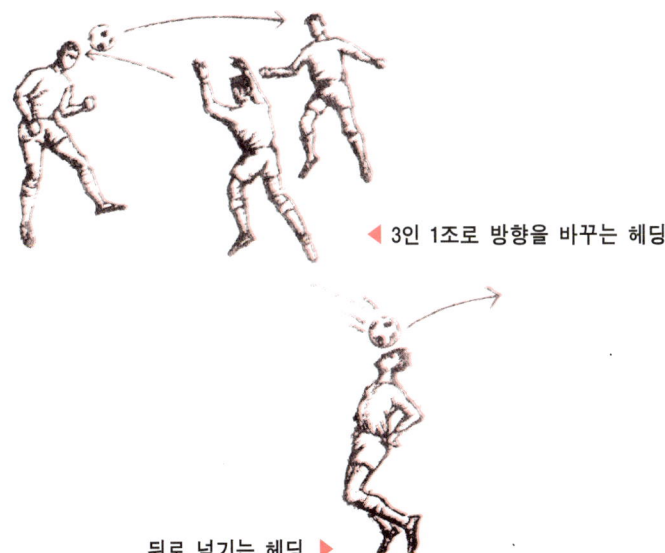

◀ 3인 1조로 방향을 바꾸는 헤딩

뒤로 넘기는 헤딩 ▶

연 습

단 독 ▶
① 끈으로 공을 매달고 이마로 받아 친다. 처음에는 흔들리고 있는 공을 손으로 멈추고 헤딩한다. 공이 닿는 이마의 부분을 정확하게 익힌다.
② 공 없이 헤딩 자세를 잡아 본다. 발을 벌리고 선 채 양 무릎을 앞으로 내밀고 상체를 뒤로 젖힌다. 턱을 당겨 목을 고정시킨 채 상체를 힘 있게 앞으로 스윙한다.

2인 1조 ▶
① 2m 정도 떨어진 곳에서 공을 던져 헤딩한다. 처음에는 자세에 유의하고 다음에는 5m 이상 떨어져서 한다.
② 서로 마주 보고 서서 머리로 공을 헤딩 패스한다. 실수하지 않을 때까지 계속 연습한다.

3인 1조 ▶
① 세 사람이 삼각형을 만들고 서서 한 사람이 던지

지고 그 자리에 서서 몸을 비틀어 방향을 바꾸어 보내는 헤딩을 한다. 헤딩하는 방향의 발을 앞으로 내밀고, 허리에서 상체를 헤딩하는 방향으로 비틀도록 한다.
② 그 자리에서 점프 : 삼각형을 만들어, 한 사람이 던지고 두 번째 사람이 그 자리에서 점프하여 각도를 바꾸는 헤딩을 하여 세 번째 사람에게 넘긴다.
③ 뒤로 넘긴다. : 세 사람이 한 줄로 서서 맨 앞 사람이 던지고 가운데 사람이 뒤로 헤딩하여 세 번째 사람에게 넘긴다. 이것은 보통보다 무릎과 발을 깊이 굽히고 상체를 뒤로 젖혀 공을 이마에 닿게 하는 순간에 발과 허리를 힘껏 뻗어 공에 속도를 가한다.

6 점프 헤딩 (jump heading)

(1) 내딛는 순간

러닝하여 한쪽 발로 내딛는 경우나 또는 그 자리에서 내딛는 경우에서나 내딛기 전에 무릎을 굽히고 낮은 자세를 취한다.

(2) 점프의 상태

뛰어올라 점프가 최고점에 도달했을 때 허리를 축으로 하여 상반신을 뒤로 젖힌다. 이때 굽혔던 팔을 어깨 높이로 올리고 무릎을 굽혀서 정강이를 뒤로 흔든다.

▲▶ 그 자리에서 점프 헤딩

(3) 공을 때리는 순간

뒤로 젖힘이 최대 한도에 도달했을 때 앞으로 상체를 되돌려 스윙한다. 앞으로 상체를 스윙하는 것을 돕기 위해 굽힌 무릎을 뻗으면서 정강이를 앞으로 흔들고 올렸던 팔도 앞으로 흔든다.

스윙에 속도가 가해졌을 때 이마로 공을 때린다.

▲ 그 자리에서 방향을 바꾸는 점프 헤딩

5 6 7

1 2 3

▲▶ 방향을 바꾸는 점프 헤딩
1 공에 맞추어 점프
2 상체를 비틀어,
3 그 반동을 이용하여,

1 2 3

▲▶ 점프 헤딩(러닝하여)
1 공이 떨어질 곳을 예상하여 달려가 낙하 지점에 들어선다.
2 한쪽 발로 박차고 뛰어오른다. 점프의 타이밍이 중요하다.
3 턱을 당기고 가슴을 펴 상체를 뒤로 젖히고, 발을 위로 퉁겨 올린다.

4~6 허리를 중심으로 몸 전체로 공을 때린다.

4 상체를 앞으로 스윙, 점프의 최고점에서 이마 정면에 공을 댄다.
5 허리를 중심으로 몸을 접는 듯한 자세로,
6 땅에 내려선다.

연 습

단 독 ▶
① 그 자리에서 점프 헤딩 : 선 채 헤딩하는 연습과 같은 순서로 점프하여 행한다. 처음에는 점프하는 타이밍을 익히는 것이 중요하다.
② 그 자리에서 방향을 바꾸는 점프 헤딩 : 공이 날아오는 방향을 향해 점프하여 상체를 공을 보낸 방향으로 내려선다.

2인 1조 ▶
① 러닝 → 점프 → 헤딩, 이것을 2인 1조로 실시한다. 러닝하면서 헤딩하여 상대방에게 보낸다. 점프하는 장소와 타이밍을 파악한다.
② 좌우에서 던져 준 공을 러닝하면서 방향을 바꾸어 점프 헤딩하여 상대방에게 보낸다.

3인 1조 ▶
2인 1조와 같은 연습이다. 헤딩하는 사람 앞에 1명을 세운다. 공을 던지게 하여 뒤쪽의 사람에게 헤딩 패스한다.

7 다이빙 헤딩 (diving heading)

비교적 낮게 날아오는 공에 뛰어들어 헤딩하

▲▶ 다이빙 헤딩(diving heading)
1 공을 주시하면서 앞으로 점프.
2 이마에 정확히 맞추어.
3 헤딩한 다음에도 공의 방향을 주시.
4 팔을 뻗어 손가락을 앞으로 뻗고, 엎드려 뻗치는 자세로 착지.
5 양팔을 쿠션으로 하여 손바닥, 팔, 가슴의 차례로 땅에 대어 충격을 막는다.
6 몸 전체로 착지 완료.

는 것을 다이빙 헤딩이라고 한다.

　이 헤딩은 주로 수비수나 포워드가 이용하는데, 왼쪽 또는 오른쪽으로부터의 패스에 맞추어 다이빙 헤딩 슛을 하면 보는 사람의 가슴이 후련해질 정도로 멋진 플레이가 된다.

이 헤딩은 상당히 수준 높은 기술이므로 기초적인 헤딩 동작을 완전히 익힌 다음에 배우도록 한다.

다이빙 헤딩을 할 때는 땅에 떨어져 내릴 때의 충격이나 사고를 예방하기 위해 양팔로 신체를 방어하는 것을 알아 두어야 한다. 즉, 팔을 뻗어 손가락 끝을 앞으로 펴서 엎드려 뻗치는 자세로 땅에 내려선다.

두 팔을 쿠션으로 하여 손바닥·팔·가슴의 순서로 땅에 내려 충격을 방지한다.

연 습

단 독 ▶ 뛰어드는 방법

잔디나 모래밭과 같은 부드러운 곳에서 공 없이 선 자세에서 앞으로 넘어지는 듯한 상태로 점프한 뒤 팔로 충격을 막으면서 땅에 가슴을 대고 내린다. 넘어지는 방법의 준비 연습으로, 무릎 닿기 자세에서 앞으로 넘어지는 연습을 하는 것이 좋다.

2인 1조 ▶ ① 한 사람이 공을 앞에서 던지면 엎드려 뻗치는 자세로 앞의 공을 향해 점프 헤딩한다.
② 한 사람이 공을 던지면 다른 한 사람이 러닝하여 다이빙 헤딩한다.

제 4 장
축구의 기본 기술 II

1 기본 기술 4 : 여러 가지 트래핑 94
2 기본 기술 5 : 드리블(dribble) 119
3 기본 기술 6 : 페인트(feint) 128
4 기본 기술 7 : 볼 리프팅(ball lifting) 143
5 기본 기술 8 : 태클과 차지 151
6 기본 기술 9 : 스로인(throw-in) 161
7 기본 기술 10 : 슈팅(shooting) 167
8 기본 기술 11 : 골키퍼(goalkeeper) 175

1 기본 기술 4 : 여러 가지 트래핑

1 멈추고, 젖혀고, 찬다

발 안쪽(인사이드)과 발등(인스텝)으로 공을 멈추는 방법에 대해서는 앞 장에서 킥과 함께 약간의 설명을 이미 했었다. 공에 접촉하는 부분의 감각은 차거나 멈추는 경우 모두에 공통되는 것이다. 그러나, 발을 사용하지 않고도 공을 멈추는 방법이 있다. 즉, 발바닥·배·가슴·머리 등으로 공을 정지시키는 광경을 시합 중에서도 흔히 볼 수 있다.

물론, 실전에서는 공을 멈추는 것만으로는 아무런 소용이 없다. 공을 멈춘 순간에 상대방

▲ 좋은 스톱

▲ 좋지 못한 스톱

이 달려와 가로채 버리면 멈추나 마나한 일이 되고 만다. 확실하게 자기의 공으로 만들고, 상대방을 젖힌 뒤 패스하거나 슛을 해야 한다.

멈추고 → 젖히고(이것을 '트래핑'이라고도 한다) → 찬다. 이것은 연결되어 계속되는 동작이어야 한다. 그러므로 스토핑(stopping)은 드리블이나 페인트와 흐르는 듯한 동작으로 자연스럽게 연결되어야 하는 것이다.

일반적으로 스토핑과 트래핑을 같은 뜻으로 사용하고 있으나, 엄밀히 구분하면, 전자는 공의 행선을 정지시켜 통제하는 동작을 말하며, 후자는 몸의 일부와 지면 사이에 삼각형의 두 변을 만들어 그 안에 공을 집어넣는 동작을 말한다.

2 트래핑의 종류

트래핑의 종류는 공과 접촉하는 부분에 따라 다음과 같이 구분된다.

(1) 다리 부분을 사용하는 트래핑
1) 발을 사용하는 트래핑
- 발 안쪽으로 하는 트래핑

- 발등으로 하는 트래핑
- 발등의 바깥쪽으로 하는 트래핑
- 발바닥으로 하는 트래핑
- 발뒤꿈치로 하는 트래핑

2) 정강이로 하는 트래핑
3) 넓적다리로 하는 트래핑

(2) 배를 사용하는 트래핑
(3) 가슴을 사용하는 트래핑
(4) 이마를 사용하는 트래핑

3 발 안쪽으로 하는 트래핑

'인사이드 트래핑(inside trapping)'이라고도 하며, 굴러 오는 공, 허리보다 낮게 바운드된 공, 땅에 떨어져 튀어 올라오는 공을 드롭(drop, 발로 멈춤)하는 세 가지로 나눌 수 있다.

(1) 굴러 오는 공의 트래핑
1) 공이 다가올 때

세운 발의 무릎을 굽히고 팔을 들어 몸을 안정시킨다. 공을 멈추게 할 발을 앞으로 내민다.

공을 멈추게 할 발의 안쪽이 공이 굴러오는 방향과 직각이 되도록 한다(발의 안쪽으로 하는 키킹과 같음). 공을 끝까지 주시한다.

2) 공에 닿기 직전과 닿는 순간

공의 속도와 맞추어 발을 뒤로 당긴다. 자기 몸 바로 아래 부근에서 발 안쪽을 공과 접촉시킨다.

3) 공에 닿은 다음

공에 닿은 다음에도 발을 뒤로 당긴다.

이상과 같이, 공에 발 안쪽을 갖다 대고 뒤로 당김으로써 공이 굴러 오는 힘을 죽일 수가 있다.

◀ **연 습**

◀ **단 독**

공 없이 공을 멈추게 할 발의 스윙에서부터 당기는 동작을 연속적으로 행한다.

◀ **2인 1조**

① 공을 멈추게 할 발을 앞으로 내민 자세에서 공을 기다린다. 공을 서서히 굴리게 하여, 되도록 발 안쪽에 공이 오래 닿아 있도록 발을 뒤로 당기는 연습을 한다.
② 보다 빨리 굴리게 하여 뒤로 당긴다.
③ 공을 멈추게 할 발이 앞으로 내민 자세가 아닌, 보통 서 있는 자세로 일관된 동작으로 연습한다.
④ 굴러 오는 공에 다가서며 멈춘다.

(2) 허리보다 낮게 바운드된 공의 트래핑

1) 공이 다가올 때

세운 발의 무릎을 굽히며, 팔을 벌려 몸을 안정시킨다. 공을 멈추게 할 발의 넓적다리를 올려 무릎을 굽혀 앞으로 스윙한다.

발 안쪽 면은 공이 날아오는 방향으로 향한다.

2) 공에 닿는 순간과 그 다음

공을 멈추게 할 발을 뒤로 당기면서 발 안쪽에 공을 댄다. 공이 발에 닿은 다음에는 공의 속도에 맞추어 발을 뒤로 당기면서 공의 힘을 죽여 땅으로 떨어뜨린다.

▲▶ 허리보다 낮게 바운드된 공의 트래핑

(3) 바운드하는 공을 드롭하는 트래핑

1) 공이 다가올 때

공이 바운드되리라고 예상되는 지점에서 전

방 약 30~50cm 앞으로 나가 세운 발을 놓는다.

세운 발의 무릎을 굽히고 몸을 앞으로 기울여, 공을 멈추게 할 발을 후방으로 올린다. 그 발의 정강이와 땅과의 각도는 45도로 한다. 공을 멈추게 할 발의 무릎을 가볍게 굽히고 발끝은 밖으로 돌린다.

2) 공에 닿는 순간과 그 다음

공이 바운드하기 직전에 공 위에 발 안쪽을 댄다. 이때 주의할 점은, 세운 발로 균형을 잡고 차는 발 무릎을 가볍게 뒤로 올린다.

또한 무릎과 발목의 힘을 빼도록 한다. 공이 닿은 다음에는 힘이 약해져 앞으로 굴러가려는 공과 함께 공을 멈추게 한 발을 한 걸음 앞으로 내딛어 컨트롤한다.

▲▶ 바운드하는 공의 트래핑

연 습

단 독 ▶ 공 없이 트래핑 동작을 되풀이한다. 특히, 공을 멈추게 할 발을 뒤로 스윙한 상태에서 세운 발의 무릎을 굽혔다가 뻗는 굴신 동작으로 균형을 유지하는 연습을 한다.

2인 1조 ▶ ① 공을 멈추게 할 발을 뒤로 스윙한 채 대기한다. 상대방은 바운드한 공이 발 안쪽에 닿도록 손에 쥔 공을 던져 준다. 공이 땅에 떨어질 지점에 미리 표시를 해 두면 더욱 좋다.
② 마주 향해 서서, 한 사람이 정면, 약간 왼편 또는 오른편 공중으로 공을 던져 주어 이동하며 멈춘다.

4 발등으로 하는 트래핑

공중으로 날아오는 공을 발등으로 받아 멈추는 것으로, '인스텝 트래핑(instep trapping)' 이라고도 한다.

(1) 공에 닿기까지

공을 멈추게 할 발의 넓적다리를 되도록 앞

으로 올린다. 무릎 아래는 힘을 빼고 떨어지는 공의 속도에 맞추어 발을 천천히 내린다.

(2) 공이 닿는 순간

공이 발등에 닿으면 되도록 오랫동안 접촉을 유지하도록 넓적다리부터 천천히 내리며, 공의 세력을 죽이고 바운드하지 않도록 땅에 내려 놓는다.

5 발등 바깥쪽으로 하는 트래핑

'아웃 프런트 트래핑(out front trapping)'이라고도 하며, 공이 왼편에서 오는 경우, 몸의 중심이 왼발에 실려 있다면 왼발의 안쪽으로 트래핑을 구사할 수 없다. 이러한 경우에 몸의 중심을 오른발에 옮기고 왼발 발등의 바깥쪽으로 공을 멈춘다.

▲▶ 발등 바깥쪽으로 하는 트래핑

(1) 공이 닿기까지

공이 바운드하려는 직전에 공을 멈추게 할 발을 교차시킨다. 즉, 공이 떨어질 지점을 재빨리 판단하여, 그곳에서 한 걸음 떨어진 곳에 왼발(세운 발)로 선다. 그 다음 오른발(공을 멈추게 할 발)을 왼발 앞에서 교차시키면서 올리고 발끝을 안쪽으로 충분히 돌린다.

그런 다음, 몸을 왼발에 안정시키기 위해 무릎을 굽히고 팔을 옆으로 올린다.

연 습

단 독 ▶ 손에 쥔 공을 한쪽 발 앞에 떨어뜨린다. 공이 땅에 닿기 전에 반대쪽 발을 교차시켜, 발등 바깥쪽으로 멈추면서 공을 당겨 붙인다.

2인 1조 ▶
① 미리 멈추는 발을 몸 앞에 교차시킨 자세를 취했다가 한 사람이 트래핑에 알맞게 공을 던진다.
② 6~7m 떨어져 마주 향해 한 사람이 던져 준 공중 볼을 첫 번째 또는 두 번째 바운드에서 멈춘다.
③ 선 자세에서 몸을 4분의 1 회전 또는 반 회전하면서 발등 바깥쪽으로 멈춘다.

(2) 공에 닿는 순간과 그 다음

공이 바운드하려는 순간 공을 멈추게 할 발을 공 위에 닿도록 내리면서 몸을 오른쪽으로 돌리는 데 따라 공을 오른쪽으로 퉁기며 컨트롤한다.

6 발바닥으로 하는 트래핑

정면에서 공중으로 날아온 공이 바운드됐을 때나 굴러 오는 공을 멈추는 데는 발바닥으로 멈추게 하는 일명 '솔 트래핑(sole trapping)'이 좋다.

(1) 공이 땅에 떨어지기 직전

공의 낙하 지점을 미리 판단하여 그곳에서 두 걸음 앞에 선다. 공이 떨어지기 직전에 공을 멈추게 할 발의 무릎을 굽히고 넓적다리를 올려 발끝을 위로 향하게 한다.

▲▶ 발바닥으로 하는 트래핑

(2) 바운드되는 순간과 멈춘 다음

공이 땅에서 바운드하려는 순간에 발끝을 위로 한 채, 공을 멈추게 할 발의 발바닥을 공에 접근시킨다. 넓적다리 및 무릎 관절은 힘을 뺀다. 발뒤꿈치는 땅에서 높이 올리지 않는다. 공이 접촉되면 발끝을 올리고 뒤꿈치를 내려서 발바닥과 지면이 삼각형 모양이 되도록 하여

연 습

단 독 ▶
① 스스로 공을 던져 올린다. 공을 두 번 바운드시킨 다음 발바닥으로 멈춘다.
② 벽을 향해 공을 힘껏 던지고 퉁겨 나오는 공을 처음엔 투 바운드에서, 다음엔 원 바운드에서 트래핑한다.

2인 1조 ▶
① 선 채로 발을 앞으로 내딛고 발끝을 올려 발바닥을 비스듬히 한다. 한 사람은 2~3m의 거리에서 원 바운드로 발바닥에 닿도록 공을 던져 준다. 공이 떨어지는 지점을 표시해 두면 더 좋다.
② 한 사람이 던져 준 공을 달려가 멈추는 연습을 반복한다.

공을 멈추게 한다. 마치 위에서 내리 밟는 것처럼 하면 공이 뒤로 빠질 염려가 없다.

(3) 공을 멈춘 다음

공을 약간 앞으로 굴려(보통의 경우에는 공에 역회전이 걸리게 된다) 다음 동작을 취한다.

1 발뒤꿈치로 하는 트래핑

'힐 트래핑(heel trapping)'이라고도 하는데, 앞으로 이동하면서 뒤에서 보낸 공을 멈추는 방법이다.

▲▶ 발뒤꿈치로 하는 트래핑

(1) 공이 다가올 때

몸을 앞으로 기울여, 공을 멈추게 할 발을 옆으로 비스듬히 올린다. 이때 발을 올리는 높이는 공이 닿을 높이에 맞춘다.

(2) 공이 닿는 순간과 그 다음

공에 닿는 부분은 발의 바깥쪽 발꿈치에 가까운 부분으로, 이 부분으로 공을 퉁겨 올린다. 공이 발꿈치에 닿은 다음, 공은 머리를 넘어

연 습

단 독 ▶ 허리 높이에 끈으로 달아 맨 공을 발꿈치로 차 넘기는 연습을 한다.

2인 1조 ▶ 한 사람이 던진 공을 발꿈치를 사용하여 반대 방향으로 차 넘긴다. 머리 위를 넘은 공을 달려가 손으로 잡아 방향을 바꾸어, 다음에는 상대방에게 던져 준다.

3인 1조 ▶ A와 B 사이에 연습하는 사람 C가 들어선다. C는 A가 던져 준 공을 발꿈치로 퉁겨 올려 B로 보낸다. B는 다시 공을 C에게 던져 주고 C는 발꿈치로 퉁겨 올려 A에게 넘긴다. 이상을 되풀이한다.

자기의 전진 방향으로 날아간다. 공을 멈추게 한 발을 한 걸음 전진시키면서 다음 동작으로 연결한다.

8 정강이로 하는 트래핑

'쉰스 트래핑(shin's trapping)'이라고도 하며, 정면에서 굴러 오는 공 또는 몸 앞에서 바운드되는 공을 트래핑하는 초보적인 기술로써 확실한 방법이다.

(1) 공이 다가올 때

공이 떨어지는 예상 지점의 약 20~30cm 앞에서 양 발을 약 10cm 떨어져 평행하게 가지런히 한다. 이때 주의할 점은, 몸을 앞으로 약간 기울이고, 양 발 무릎 밑 부분은 힘을 빼야 한다.

(2) 공이 떨어진 순간과 닿은 다음

양 무릎을 세게 앞으로 굽히고 땅에서 튕겨 오는 공에 정강이를 댄다. 공이 닿은 다음에는 튕겨 나가는 공을 쫓아 전진하며 컨트롤한다.

연 습

단 독 ▶
① 공 없이 그 자리에 서서 무릎을 앞으로 굽힌다. 다음은 몇 걸음 전진한 다음 뛰었다가 멈추는 동작을 반복한다.
② 스스로 공을 머리 높이로 던져 올려 땅에 떨어져 바운드되는 공을 양 정강이에 대고 멈춘다. 처음에는 두 번 바운드된 다음에 멈추고 익숙해지면 원 바운드에서 멈춘다.
③ 벽을 향해 공을 계속 던지고 튕겨 나오는 공을 이동하면서 멈춘다.

2인 1조 ▶
① 준비 자세를 취한 다음 한 사람이 3~4m 떨어진 거리에서 낮은 공을 던져 주어 이를 멈춘다.
② 6~7m 거리에서 서 있는 사람 앞으로 공을 던져 주면 양 정강이로 멈춘다.

9 넓적다리로 하는 트래핑

발로 멈출 수 없는 높이 또는 가슴으로 멈출 수 없는 높이의 공은 주로 넓적다리 전면으로 트래핑한다. 대퇴부인 이 넓적다리는 두꺼운 근육과 지방으로 구성되어 있어, 공의 힘을 죽여 조정하기에 아주 적절하다.

(1) 공에 닿기까지

공이 날아오는 방향으로 마주 선다. 세운 발의 무릎을 굽히고 몸을 안정시킨다. 넓적다리와 정강이와의 각도가 약 50~60도가 되도록 하며, 공을 멈추게 할 발의 무릎을 굽혀 앞으로 올린다.

▲ 넓적다리로 하는 트래핑

무릎의 높이는 공이 날아오는 방향에 따라 다르다. 바로 위의 가까운 각도에서 떨어져 내릴 때는 넓적다리의 전면이 수평에 가까울 정도로 올린다. 한편, 공이 지면과 평행에 가까운 방향에서 올 때는 무릎을 너무 올리지 말고, 넓적다리가 수직에 가깝도록 한다.

(2) 넓적다리에 공이 닿는 순간과 그 다음

공이 넓적다리에 닿는 순간, 공의 속도에 맞추어 무릎을 내린다. 이때, 무릎을 내리는 속도가 너무 빠르거나 늦어서는 안 된다.

공의 힘이 약해지면서 밑으로 떨어지면 곧 발바닥이나 발 바깥쪽 등으로 컨트롤하거나 또는 드리블로 옮겨야 한다.

연 습

단 독 ▶
① 공 없이 넓적다리를 수평까지 올려 준비 자세를 취하고, 신호에 따라 갑자기 무릎을 내린다.
② 스스로 공을 머리 높이에 올려 떨어지는 공을 넓적다리에 닿게 하여 땅에 떨어뜨린다.
③ 벽에 공을 세게 던져, 리바운드되는 공을 넓적다리에 대어 멈춘다.

2인 1조 ▶
① 4~5m의 거리에서 한 사람이 공을 던지고, 넓적다리에 대어 몸 앞에 떨어뜨린다.
② 단독 연습의 ③번과 같으나, 두 사람이 하는 경우에는 서로 패스하면서 트래핑한다.

10 배로 하는 트래핑

'앱더먼 트래핑(abdomen trapping)'이라고 하며, 배로 하는 트래핑은 그라운드에서 튕겨오는 공을 발로 멈출 수 없을 때 또는 공중의 공을 직접 트래핑할 때 사용된다.

(1) 공을 대기하는 자세
공이 날아오는 방향으로 마주 대하고 양 무릎을 굽혀 양 발에 체중을 싣는다.

(2) 공이 복부에 닿을 때
몸 전체로 큰 지붕을 씌울 수 있으며, 복부는 넓고 부드럽기 때문에 비교적 안전하게 공을 멈출 수 있다.

▲ 배로 하는 트래핑

연 습

◀ 단 독
공 없이 트래핑 동작을 되풀이한다.

◀ 2인 1조
① 전방 10m에서 공을 던져 준다. 서 있는 위치에서 두 번 바운드된 공을 복부로 멈춘다.
② 전방 8~10m 거리에서 한 사람이 1~1.2m 앞에서 바운드되도록 비교적 빠르게 던진다. 선 위치에서 멈춘다.
③ ②번과 같이 하되 전진하면서 멈춘다.

공이 복부에 닿을 때는 한쪽 발을 뒤로 당기고 체중을 뒷발에 옮기는 동시에 상체를 앞으로 구부려 배에 들어가게 된 공이 복부에 닿은 다음 아랫배로 전해져 앞으로 떨어지게 된다.

11 가슴으로 하는 트래핑

'체스트 트래핑(chest trapping)'이라고 하며, 공중으로 날아오는 공을 가슴으로 받아 트래핑하는 것으로 여기에는 두 가지 방법이 있다.

그 하나는 공을 되도록 빨리 그라운드에 떨어뜨리기 위한 기술과 또 하나는 일단 공중에 공을 쳐 올린 후 그 다음에 처리하는 방법이다.

(1) 공을 빨리 땅에 떨어뜨리는 방법

1) 공을 대기하는 자세

공을 마주 대하고, 어깨를 당기며, 가슴을 펴 허리를

▲ 가슴으로 하는 트래핑

벌린 양팔 사이에 공을 받아들이고 가슴을 당겨 공의 세력을 죽여서 아래로 떨어뜨린다.

앞으로 내밀고, 무릎도 앞으로 굽혀 활모양으로 하여 대기한다.

2) 공에 닿는 순간

공이 가슴에 닿는 순간 어깨를 앞으로 내밀고, 가슴을 좁혀 허리를 뒤로 당기고 발꿈치를 올린다.

공은 가슴을 당기는 동작으로 힘을 죽인다. 이때, 가슴이 땅을 향해 있기 때문에 빨리 아래로 떨어뜨릴 수 있다.

(2) 가슴에 닿게 하여 위로 올리는 것

1) 공에 닿기까지

양 발에 체중을 균등하게 싣고 거의 똑바로 선 자세에서 대기한다.

2) 공에 닿는 순간과 그 다음

상반신을 뒤로 젖혀 가슴으로 그 힘을 죽인 다음 공중에서 작게 바운드시켜 트래핑한다. 물론, 이때는 공을 일시적으로 처리하기 어려운 상태로 몰리지만, 이 트래핑이 아니면 처리할 수 없는 경우도 있다. 이때도 역시 상반신을 펴서 상대방이 없는 곳으로 방향을 바꾸어 공을 다룬다.

▲▶ 가슴에 닿게 하여 위로 올리는 트래핑

1 공이 오는 방향의 정면에 몸을 세워,
2 가슴을 젖히고 공을 받는다.
3 공이 닿는 순간에 상반신을 뒤로 젖히고,

연 습

단 독 ▶

① 공 없이 계속 트래핑 동작을 한다. 특히, 발목과 무릎의 탄력을 익힌다.

② 손으로 공을 던져 올리고 떨어지는 공을 가슴으로 쳐 올려, 다시 떨어지는 공을 손으로 받는다.

③ 무릎을 뻗고 몸을 앞으로 구부리는 트래핑 방법을 익힌다.

2인 1조 ▶

① 마주 선 한 사람이 2~3m의 거리에서 공을 높이

4 공의 세력을 죽여 작게 바운드시킨 후,
5 가능하면 페인트를 사용하여,
6 재빨리 컨트롤한다.

던진다. 다른 한 사람이 이 공을 가슴으로 쳐 올려, 떨어지는 공을 손으로 받는다.
② 던져진 공에 달려가 가슴으로 쳐 올린다. 떨어지는 공을 발로 컨트롤한다.
③ 던져 준 공을 앞으로 달려가 가슴으로 쳐 올린 다음, 몸을 4분의 1회전 또는 반 회전하여 떨어지는 공을 컨트롤한다.

12 이마로 하는 트래핑

이마로 하는 트래핑(head trapping)은 실전에서 많이 사용되는 기술로, 트래핑 중에서 가장 중요하다. 이 트래핑은 주로 점프를 이용한다. 가슴으로 트래핑할 수 없는 높은 공에 사용된다.

공에 닿는 부분은 이마의 단단한 부분으로, 공의 힘을 죽이기 위해서는 상당한 숙련이 필

▲▶ 이마로 하는 트래핑
1 몸 전체를 부드럽게 유지하고 공을 잘 주시, 이마 정면을 똑바로 공을 향해 대기한다.
2~3 공이 닿는 순간에 상반신을 젖히고 동시에 무릎의

요한 기술이다.

(1) 공에 닿기까지

발을 앞으로 벌린 자세를 취한다. 몸은 똑바로 펴야 한다. 그렇지 않으면 트래핑할 때 무릎이 너무 구부러져 있으므로 다음 동작에 들어가기가 어렵다.

(2) 공에 닿는 순간

공에 닿기 직전에 몸을 뒤로 젖혀 머리를 뒤쪽으로 흔든다. 이 동작이 빨리 될수록 공의

4 5 6

굴신을 이용하여 공의 힘을 죽인다. 목이 흔들리지 않도록 고정시킨다.
4~6 공을 땅에 떨어뜨리고 확실하게 컨트롤한다.

힘을 효과적으로 죽일 수 있다. 공이 이마에 닿기 전에 몸을 점프시켜 공중에서 공에 접촉시키면서 공과 같이 몸을 떨어뜨리며 멈추게 하는 방법도 있다.

연 습

단 독 ▶
① 공을 8~10cm 정도 위로 똑바로 던져 올리고 이마에 대어 공의 힘을 죽여 아래로 떨어뜨린다.
② ①번과 같은 방법으로 하되, 던져 올리는 높이를 더 높여 20~25cm 정도로 한다.

2인 1조 ▶
① 1.5~2m 사이를 두어 마주 선 채 한 사람이 던진 공을 이마에 대어 멈춘다.
② ①번과 같은 방법으로 하되, 보다 멀리서 더 높이 던진다.
③ 5~6m 떨어진 거리에서 한 사람이 던지고 앞으로 달려가 트래핑한다.

2 기본 기술 5 : 드리블(dribble)

1 오래 갖고 있으면 안 된다

시합 때 드리블만 하고 있으면 너무 공을 오래 갖고 있다고 한다. 사실 드리블보다도 패스를 사용하여 공격하는 편이 훨씬 효과적이다.

공을 20m 정도 이동시키려면 어느 방법이 빠를까? 드리블보다는 패스가 훨씬 빠를 것이다.

그러나, 축구 시합에서는 공을 단독으로 뚫고 나가는 방법이 좋은 경우가 많다. 특히 현대 축구에서는 대인 방어가 매우 심하다. 그렇기 때문에 1대1에서 수비를 돌파하기 위해서는 뛰어난 개인기가 필요하다. 여기에 필요한 기술, 즉 발로 공을 다루어 운반하는 드리블이 요구되는 것이다.

공을 운반한다는 것은 한 지역에서 다른 지역으로 공을 발로 밀어 나가는 것이다. 특히, 상대편 문전을 향해 돌파해 갈 경우에 반드시 필요한 것이다.

2 드리블의 종류

드리블에는 발등의 안쪽을 사용하는 인 프런트 드리블과 발등 전체를 사용하는 인스텝 드리블, 그리고 발등의 바깥쪽을 사용하는 아웃 프런트 드리블이 있다.

(1) 인 프런트(in front, 발등 안쪽) 드리블

공에 닿는 부분은 발등의 안쪽 키킹과 같다. 공에 닿기 직전에 뛰면서 무릎과 발끝을 약간 밖으로 돌린다. 발꿈치는 세운 발과 너무 떨어져 있지 않도록 한다.

몸은 약간 앞으로 기울이고, 세운 발 방향으로 돌린다. 팔 놀림은 러닝 자세와 같이 자연스럽게 흔든다.

눈은 공에 발이 닿는 순간에 공을 주시한다. 공이 접촉하지 않는 동안에는 머리를 들어 주위의 상황을 살피면서 뛴다.

▲ 발등 안쪽으로 하는 드리블

(2) 인스텝(instep, 발등 전체) 드리블

이 드리블의 특징은 러닝 동작인 채, 즉 여

분의 동작을 가하지 않고 공을 앞으로 밀고 나갈 수 있는 점이다. 그러나, 공에 닿는 면은 발등(신발끈이 있는 부분)이며, 발등 안쪽이나 발등 바깥쪽에 비해 컨트롤이 약간 어렵다.

▲ 발등 전체로 하는 드리블

뛰면서 발끝을 약간 아래로 향하고 발등 전체로 공을 앞으로 밀어 낸다. 눈과 팔은 인 프런트 드리블 때와 마찬가지이다.

(3) 아웃 프런트(out front, 발등의 바깥쪽) 드리블

뛰면서 공에 닿기 직전에 발목을 안쪽으로 돌려, 발등 바깥쪽으로 공을 앞으로 밀고 나간다.

이 방법은 앞의 두 가지 방법에 비해 공에 닿는 면을 가장 넓게 할 수 있으며, 더구나 공에 부드럽게 접촉할 수 있는 장점이 있다.

▲ 발등 바깥쪽으로 하는 드리블

▶▶ 드리블의 자세(1)

1. 상체를 세우고 공의 2~3m 앞을 본다. 공을 간접 시야에 넣어 둔다.
2. 공이 발에서 너무 떨어지지 않게 언제든지 컨트롤할 수 있는 범위에서 키프한다.
3. 공과 동시에 상대를 시야에 넣은 후 드리블하는 연습을 한다. 이때 3m 정도 앞에 상대 한 사람을 세워 둔다.

3 드리블의 5가지 포인트

 드리블을 하고 있을 때에는 언제나 패스, 슛, 페인트를 할 수 있는 태세이어야 한다.
 발끝, 발의 안쪽, 발등, 발의 바깥쪽으로 밀며

나간다. 왼발과 오른발을 모두 사용하지 않으면 안 된다.

(1) 공을 너무 앞으로 보내지 말 것

공이 너무 앞으로 나가지 않도록 옆이나 밑을 스치는 기분으로 밀고 나간다.

발 안쪽을 사용할 때는 공과 함께 달리면서 발이 공에 닿기 전에 발끝을 바깥쪽으로 향한다. 복사뼈에 힘을 주면 안 된다. 상체는 가볍게 앞으로 기울이고, 양팔은 보통 달릴 때와 같은 자세로 거의 직각으로 굽히고 힘을 뺀다.

(2) 항상 주위 상황을 살필 것

머리를 들고 반드시 발 밑 3m 앞을 본다. 주위의 자기편과 상대편을 주의하여 보면서 공은 곁눈질하며 밀고 나간다. 또 공이 발에 닿는 순간마다 운동장을 살피고 슛이나 패스를 하기 직전에 공을 바로 본다.

(3) 속도에 변화를 줄 것

드리블의 요점은 상대방의 균형을 깨고, 자신의 균형을 유지하는 데 있다. 즉, 드리블하는 선수는 플레이의 주도권을 잡고 있는 만큼, 상대편의 포진에 따라 적절하게 러닝에 변화를 주는 편이 훨씬 효과적이다.

(4) 방향에 변화를 줄 것

줄기차게 앞으로만 몰고 나가다가는 언제 공을 가로채일지 모른다.

속도에 자신만 있다면 왼발이나 오른발을 사용하여, 여러 가지 방향으로 갑자기 움직이거나 이동하도록 한다. 차 내고 → 멈추고 → 리턴하고 → 스윙하고……, 그리고 폭발적으로 몰고 나가는 동작 등이 드리블의 구성 요소이다.

(5) 상대방을 따돌릴 것

상대방이 옆에 붙어 있을 때나 달리고 있을

▼ 드리블의 자세(2)
드리블은 축구 기술 중에서 가장 개인적인 것으로 개개인의 개성이 나타나는 것이다.

◀ 공을 감싼다
상대방의 태클을 막기 위해 몸으로 방비하면서 공을 감싼다. 드리블할 때, 상대방보다 멀리 있는 발로 공을 다루며, 몸으로 막으면서 상대방과 공 사이에 장벽을 만든다.

▼▼ 드리블 기술 : 드리블로 상대방을 따돌리는 세 가지 방법

▲ 1 몸을 놀리는 페인트

왼쪽으로 날카롭게 쩌르는 척하고, 상대방의 밸런스를 깬다. 그리고, 오른발의 아웃사이드로 공을 재빨리 오른쪽으로 빼낸다.

▲ 2 리바운드

상대방이 태클했을 때, 적절한 힘으로 상대방의 발에 공을 차 맞추어 튀어 나오는 것을 잡아 앞으로 나간다.

▲ 3 공중 드리블

바운드한 공을 잘 컨트롤하여, 태클하러 들어오는 상대방 머리 너머로 공을 퉁겨 넘긴다.

때나 멈추어 있을 때는 상대방과 공 사이에 자기의 몸이 들어가도록 한다. 다시 말하면 수비하고 있는 상대방의 반대쪽에 공을 놓고 드리블한다.

또, 공을 잡을 때 상대방과 공 사이로 뛰어들어, 공을 앞에 두고 상대방을 등뒤로 따돌려야 한다. 그래야만 상대방이 쉽사리 덤벼들 수가 없다.

연 습

단 독 ▶

① 공을 통기면서 나간다. 통기는 동작이 따로따로 되지 않도록 주의한다.

② 센터 서클 위를 센터 서클 밖에 위치한 발의 안쪽으로 드리블하면서 돌아간다. 그 다음에는 방향을 바꾸어 다른 발로 한다.

③ 원을 2개 그려서 8자로 연결시킨다. 그 위를 발목 안쪽 또는 발목 바깥쪽으로 드리블한다. 한 원에서 다른 원으로 옮길 때는 발을 바꾼다.

▲ 여러 가지 드리블 연습 방법 ▲

◀ 단 체
(드리블 경쟁)

① 2m 간격으로 6~8개의 기를 일렬로 세워 놓는다. 그 사이를 지그재그로 드리블하며 왕복한다. 갈 때는 지그재그로 빠져나가면서 드리블하고, 돌아올 때는 직선 방향으로 드리블한다.

② 센터 서클만한 크기로 원을 만들고, 여섯 사람이 선다. 다른 한 사람이 여섯 사람의 사이를 지그재그로 지나면서 드리블한다. 한 바퀴를 돌고 나면 다른 사람과 교대한다. 또 두 조로 나누어 드리블 경쟁을 한다.

3 기본 기술 6 : 페인트(feint)

1 페인트도 기본 기술

페인트란, '상대의 허를 찌르는 것'이다. 오른쪽으로 패스하는 척하면서 왼쪽으로 차 넘기거나 슛을 하는 동작 등은 페인트의 좋은 본보기이다.

예를 들면, 공을 다루며 상대방이 공격해 올 때, 앞에서 수비하는 선수가 일부러 한쪽으로 갑자기 움직이는 척하여 상대방으로 하여금

반대쪽으로 움직이도록 유도하는 동작이나, 상대방에게 집중 수비를 당하고 있는 공격 선수가 골을 향해 달릴 것 같은 동작을 취했다가 갑자기 방향을 바꾸어 되돌아와 상대를 따돌리고 자유롭게 패스를 받는 경우 등 이상 두 가지 예는 공을 가지고 있지 않은 경우에 할 수 있는 페인트 동작이다.

 축구는 처음부터 끝까지 공을 둘러싸고 벌이는 상대와의 싸움이므로, 넓은 뜻으로는 페인트의 연속이라 할 수 있다.

 이처럼 페인트는 매우 중요한 기술로서, 실전에 있어서 대부분의 동작이 바로 페인트 동작이므로, 초보자는 기본 기술을 익힐 때 페인트 동작을 아울러 충분히 연습하도록 한다.

 페인트는 발끝, 가슴, 몸, 팔, 머리뿐 아니라 심지어는 눈으로도 할 수가 있다. 특히, 골키퍼는 공격해 오는 상대를 현혹시키기 위해 페인트를 사용한다.

2 페인트의 3가지 포인트

(1) 크고 재빠르게

마치 오른쪽으로 움직이려는 것처럼 크게 달

리는 거짓 동작을 취한다. 그러면 상대방도 본능적으로 그쪽으로 움직이려고 한다.

그 순간 재빨리 방향을 왼쪽으로 틀어 달려나간다. 자연적으로 상대방은 따돌림을 당하여 제자리에 머물러 있게 된다.

이와 같이 페인트에서는 동작이 커야 하며, 또한 몸놀림이 재빨라야 한다. 또 몸의 균형을 무너뜨렸다가 순간적으로 제자리로 되돌리는 힘찬 동작도 필요하다.

아직 근육이 단련되지 않은 청소년들의 경우, 이와 같은 힘찬 동작과 빠른 움직임을 요구하는 것은 무리지만, 역시 처음부터 페인트 동작에 익숙해지도록 연습시키는 것이 좋다.

(2) 특기를 가질 것

원칙적으로는 여러 가지 페인트 기술을 많이 배워둘수록 좋다. 그러나, 아무리 일류 선수라 할지라도 실전에서 자유롭게 사용할 수 있는 특기로 하는 기술은 2~3가지에 불과하다. 그러한 특기를 상대방이 알고 있다 해도 걸려 들게 마련이다.

그러한 뜻에서 더 많은 종류를 익히는 것도 좋으나, 한두 가지를 철저하게 익혀 특기로 만들 필요가 있다.

(3) 불필요하게 사용하지 말 것

페인트는 실전에서 거의 본능적으로 이루어질 수 있도록 완전하게 익혀야 한다. 그러나, 실전에서 필요 이상으로 사용하면 오히려 역효과를 불러일으킨다. 한 번 사용하여 효과를 볼 수 있는 것을 두 번에 걸쳐 사용해서는 좋지 않다.

페인트의 목적은 상대방을 속이는 수단으로, 이쪽에서 실제로 하려는 것에서 상대방의 주의를 분산시키는 방법이다.

3 페인트의 종류

페인트라는 말에는 넓은 뜻이 있다. 수비수의 페인트는 태클로 공을 빼내는 데 도움을 주며, 공격수의 경우에는 공의 이동을 쉽게 할 수 있다.

예를 들면, 공을 갖고 있지 않은 선수가 패스를 받기 전에, 수비하고 있는 상대방을 페인트로 따돌리고 반대 방향으로 빠져 나가 자유로운 위치를 잡을 수도 있다. 얼굴을 약간 반대

로 돌리는 것만으로 또는 눈을 한쪽으로 향하는 것만으로도 페인트의 구실을 할 수 있다.

자기가 공을 다루고 있을 때의 페인트에 한해서도 그 종류가 매우 많다. 여기서는 그 중 대표적인 것을 들어 본다.

① 방향을 바꾸는 페인트
② 차는 척하는 페인트
③ 공을 멈추는(속도에 변화를 주는) 페인트
④ 공을 끌어당기는 페인트
⑤ 공을 타 넘는 페인트

(1) 방향을 바꾸는 페인트

공을 가진 선수가 오른쪽 앞으로 나아가는

▲▶ 방향을 바꾸는 페인트
1 오른쪽 앞으로 나가는 드리블에서,
2 갑자기 방향을 바꾸어,
3 오른쪽 발등 안쪽으로,

척하며 발의 안쪽으로 공을 옆으로 밀어내고 왼쪽 앞으로 빠진다. 다시 말해 그림과 같은 모양의 움직임이 일어난다.

(2) 차는 척하는 페인트

① 상체를 왼쪽으로 한껏 기울여 왼쪽으로 빠지는 것처럼 속이고, 오른발 발등의 바깥쪽으로 공을 밀어내고 몸도 빠진다.
② 상대가 앞에서 올 때 : 동작이 간단하므로 어린 선수들이 잘 사용한다. 차는 척하면서 발의 안쪽을 사용하여 공을 살짝 옆으로 빼낸다.

4   5   6

4 왼쪽 옆으로 끌어당겨, 상대방의 반대로 틀어,
5 왼발 발등의 안쪽으로 왼쪽 앞으로 제치고,
6 빠져나간다.

▲▶ 차는 척하는 페인트 ①
1 드리블에서,
2 왼발을 크게 내딛고, 왼쪽으로 차는 척하고,
3 재빨리 타 넘어,

▲▶ 차는 척하는 페인트 ②
1 왼발을 크게 내딛고, 오른발의 인스텝으로 차는 척한다.
2 스윙해 버린 오른발을 공 옆에서 멈추고,

(3) 공을 멈추는(속도에 변화를 주는) 페인트
드리블을 하던 도중에 갑자기 멈추는 척하며 속도를 줄였다가 상대방이 주춤하는 기회를 틈타 다시 대시해 나간다.

4 5 6

4 차는 발등의 바깥쪽으로,
5~6 공을 밀어내고, 빠져나간다.

4 5 6

3~5 상대방을 따돌리고,
6 빠져나간다.

상대방이 옆으로 바싹 접근했을 때에 주로 사용된다.

1) 옆에서 올 때 Ⅰ

여기서는 발바닥으로 일단 정지시켰다가 다

시 드리블한다.

2) 옆에서 올 때 Ⅱ

상대방이 있는 쪽 반대쪽 발의 넓적다리를 올려 정지시키는 척했다가 다시 드리블한다.

▲▶ 공을 멈추는 페인트 ①

1 상대방이 마크하는 반대쪽으로 공을 키프한다.
2 바깥쪽 발의 넓적다리를 올려,
3 발바닥으로 공을 눌러 멈추는 척한다.
4 상대가 주춤할 때 발을 당겼다가,

▲▶ 공을 멈추는 페인트 ②

1 상대가 태클해 들어오기 직전에,
2 공을 멈추는 동작으로,
3 발을 올린다.
4 공을 정지시키지 않고 들어 올렸던 발을 내리고,

리듬의 변화로 상대를 따돌린다.

3) 옆에서 올 때 Ⅲ

상대방에게 등을 향하고 발 안쪽으로 정지시키고, 반대쪽 발 안쪽으로 밀고 다시 드리블한다.

5 그 발등으로 공을 치고
6~7 다시 드리블하여 상대방을 따돌린다.

5 공을 다시 미는 동작으로 옮긴다.
6 그 발로 드리블을 시작하여,
7 상대방을 따돌린다.

▲▶ 공을 멈추는 페인트 ③
1 상대방이 옆에서 따라붙는 것을,
2 상대와 등을 지고 왼발 안쪽으로,
3 재빨리 공을 멈추고,

(4) 공을 끌어당기는 페인트

발바닥으로 공을 끌어당겨 방향을 바꾸어 나간다.

1) 앞에서 올 때

차는 척하면서 그 발바닥으로 공을 끌어당기고 옆으로 빠져나간다.

4　　　　　　　　5　　　　　　　　6

4~5 그대로 오른쪽 발등 안쪽으로 공을 걸어,
6 공을 밀어내고 드리블하여 상대방을 따돌린다.

2) 옆에서 올 때

발바닥으로 공을 당겼다가 원래 왔던 방향으로 재빠르게 되돌아간다.

◀▼ 공을 끌어 당기는 페인트 ①

1~2 왼발을 내딛어 차는 척하다가 그냥 타 넘어,
3 차는 발의 발바닥으로,
4 공을 뒤로 끌어당긴다.
5 오른쪽을 향해 당긴 발의 발등 안쪽(또는 바깥쪽)으로,
6 공을 밀어내어 옆으로 나온다.

4　　　　　　5　　　　　　6

▲▶ 공을 끌어당기는 페인트 ②
1 따라붙는 상대방의 반대쪽 발을 스윙해 올려,
2 발바닥으로 멈추어 뒤로 끌어당긴다.
3 그대로 몸을 앞에서 상대쪽으로 돌려,
4 상대방과 공 사이에 몸을 놓고 180도 회전,
5 처음 왔던 방향으로 되돌린 자세에서,
6 드리블한다.

(5) 공을 타 넘는 페인트

공을 타고 넘음으로써 상대방을 현혹시키는 페인트는 종류도 많고 실전에서도 곧잘 사용된다. 공을 건드리지 않기 때문에 잘못 다룰 우려가 없으며, 자연스럽게 다음 동작으로 옮

| 4 | 5 | 6 |

길 수가 있다.

　이상 열거한 몇 가지 종류를 하나로 묶거나 또는 한 가지 페인트를 되풀이하여 사용하는 일이 흔히 있다. 연습도 하나하나 나누어 따로 하기도 하고, 한데 묶어 연습하기도 한다.

◀▼ 공을 타 넘는 페인트
　　1 드리블에서,
　　2 오른발 안쪽을 이용하여 왼쪽으로 밀어내는 척하고,
　　3 공을 타 넘어,
　　4 타 넘은 오른발을 축으로 하여,
　　5 왼발의 안쪽으로 공을 오른쪽으로 밀어내고
　　6 오른쪽으로 빠진다.

| 4 | 5 | 6 |

연 습

① 센터 서클이나 페널티 에어리어 안에 전원이 들어가, 서로 맞부딪치지 않도록 드리블하며 페인트를 한다.

② 2명이 마주 향하고, 맨 앞 사람이 상대방의 옆으로 빠져나가려고 한다. 한쪽은 앞을 향한 채 상대방의 진로를 막는다. 빠져나가게 하면 교체한다.

③ 약 4m 간격으로 평행선을 긋고 가운데에 다시 선을 그어 H자 형태를 만든다. 한 사람은 가로선을 넘어 상대편 진영으로 들어가려 하고, 다른 한 사람은 그의 앞에서 수비한다(아래 그림 참고).

▲ 페인트로 상대방을 제치는 연습

4 기본 기술 7 : 볼 리프팅(ball lifting)

1 볼 리프팅의 필요성

경기에 앞서 또는 연습 중에 발, 넓적다리, 가슴, 이마 등으로 공을 연속으로 퉁기는 것을 흔히 볼 수 있는데, 이것을 볼 리프팅이라고 한다.

볼 리프팅이 필요한 이유는 다음과 같다.

(1) 실전에 나온다

경기 장면을 유심히 살펴보면 공을 받아서 처리할 때, 몸의 여러 가지 부분을 사용하여 공을 퉁기는 동작을 볼 수 있을 것이다.

이와 같이 볼 리프팅으로 몸에 익힌 감각이 실전에서는 굉장히 큰 역할을 한다.

실전에서 사용되는 횟수의 몇십 배가 되도록 연습해야 하는 기술은 볼 리프팅뿐만 아니라 킥이나 헤딩 등도 마찬가지이다.

(2) 공에 대한 감각을 몸에 익힐 수 있다

공에 대한 감각과 더불어 공을 다룰 때의 균

형, 몸을 움직이는 법을 익힐 수 있다. 올바른 자세로 공을 자유로이 쉽게 다룰 수 있게 된다.

(3) 워밍업(warming-up)이 된다

볼 리프팅은 심한 연습이 아니므로 몸의 각 부분을 전부 사용하는 워밍업으로 적당한 운동이다.

공을 다루는 연습을 겸하면 재미가 있으므로 맨손 체조만 계속하는 것보다 효과적이며 유익하다.

(4) 연습은 1종목씩

볼 리프팅 연습에서 중요한 것은 처음엔 발등, 넓적다리, 이마를 따로따로 사용하여 한 종목씩 차례로 해야 한다. 발등으로 하려고 할 때는 계속 발등만 사용하고, 이마로 하려고 할 때는 계속 이마만을 사용해야 한다.

예컨대, 이마로 연습할 때, 공이 높이 떴지만 이마로 받지 못하고 서둘러 발등으로 받는 따위는 별로 효과가 없다.

각 종목을 한데 묶어 연습하는 것은, 이 단계를 익힌 다음에 하도록 한다. 연습의 순서는 한 종목씩 익혀 나가도록 해야 한다.

또한 공을 자기가 마음 먹은 대로 올리고 마음 먹은 대로 퉁겨야 하며, 결코 공을 따라다니는 꼴이 되어서는 안 된다.

2 볼 컨트롤의 포인트

다른 연습과 마찬가지로 볼 리프팅을 할 때는 발부터 연습한다. 이 볼 리프팅은 양 발을 다 사용할 수 있어야 하지만 처음에는 주로 사용하는 발부터 시작한다.

공통된 방법은 근육의 긴장을 풀고 가볍게 몸을 움직이며 하는 것이다. 또 각 종목마다 연속 30번 이상을 계속하면서 골 라인에서 중앙선까지(약 50m) 전진할 수 있도록 번갈아 가며 충분히 연습해야 한다.

3 발등으로 하는 리프팅

공을 컨트롤하는 발은 언제나 공의 중심을 겨냥하도록 해야 한다. 균형을 유지하기 위해서는 상체를 앞으로 약간 기울이고 팔을 어깨 높이보다 아래에 둔다.

발끝을 뻗고 발목을 고정시킨 채 다음과 같이 연습한다.

연 습

① 공을 땅에 떨어뜨리고 퉁겨 올라오면 발등으로 가볍게 위로 차 올린 뒤 떨어뜨린다.
② 같은 동작을 오른발과 왼발로 번갈아 행한다.
③ 공을 땅에 떨어뜨리지 말고 행한다. 공의 높이는 가슴 정도로 하고 오른발과 왼발을 교대로 연습한다.
④ ③번과 같이 할 수 있게 되면 발등으로 퉁기면서 전진한다.
⑤ ④번까지 충분히 할 수 있게 되면, 공을 발등에 올려 일단 정지시키고, 공을 한 차례 공중으로 밀어 올리고 다시 받아 정지시킨다. 이렇게 되풀이한다.

4 넓적다리로 하는 리프팅

넓적다리의 한복판으로 공을 퉁긴다. 넓적다

리가 수평으로 올라갔을 때 공이 닿게 하여, 공을 똑바로 올린다.

　공을 올릴 때에도 상체를 곧게 세우도록 주의한다.

<blockquote>
연　습

① 공을 던져 넓적다리로 받아 올리고, 내려오는 공은 손으로 잡는다.
② ①번을 되풀이한 다음, 손으로 잡는다.
③ 손으로 잡지 않고 계속한다. 오른쪽 넓적다리만으로 하다가 왼쪽 넓적다리만으로 하여 좌우 교대로 한다.
④ 넓적다리로 퉁기면서 전진한다.
⑤ 공을 높이 올리고 가슴으로 받아서 넓적다리에 떨어뜨린다. 오른쪽 넓적다리에서 가슴, 왼쪽 넓적다리의 순서로 되풀이한다.
</blockquote>

5 이마로 하는 리프팅

　공의 바로 앞에 서서 위를 향하고 이마의 정면에 맞춘다. 양쪽 무릎을 가볍게 벌리고 서서

살짝 구부렸다 폈다 하며, 그 반동으로 공을 퉁긴다.

연 습

① 스스로 공을 던져 올리고 이마로 헤딩한 뒤, 떨어지는 공을 손으로 잡는다. 공에서 눈을 떼지 않는다.
② 그 자리에서 공을 계속 헤딩한다.
③ 이마로 공을 헤딩하면서 전진한다.
④ 위로 올린 공을 이마로 정지시키고 다시 이마로 올린다.

6 그 밖의 리프팅

이상 설명한 것 외에도 발의 안쪽(인사이드), 발등의 바깥쪽(아웃 프런트), 어깨, 발꿈치 등으로 볼 리프팅을 할 수 있다. 또 땅바닥에 발을 뻗고 앉아 이마로 할 수도 있다.

이상의 각 종목을 연결하여 발등 → 넓적다

리 → 이마 → 가슴 → 발등 등으로 연습할 수 도 있다.

7 그룹으로 하는 리프팅

 2인 1조 또는 3~4인을 1조로 하여 볼 리프팅을 한다. 이것은 패스나 스톱의 연습도 겸할 수 있다.
① 떠 있는 공을 직접 패스, 헤딩, 인사이드, 인스텝 등 종목을 결정하고 직접 주고받는다.
② 떠 있는 공에 한 종목을 두 번 행하고 패스.
③ 헤딩으로 정지시키고 땅에 떨어뜨리지 말고 헤딩으로 패스한다. 이것을 인사이드나 인스텝에 대해서도 종목을 정하고 실시한다.
④ 오른발의 인사이드로 받아 왼발의 인사이드로 패스한다. 또는 오른발의 인사이드로 받아 정지시키고 같은 발의 인스텝으로 패스하는 등 발이나 종목을 바꾸어 행한다.

▲ 그룹으로 하는 리프팅

5 기본 기술 8 : 태클과 차지

1 태클의 종류와 그 포인트

태클(tackle)은 상대방이 점유하고 있는 공을 기습적으로 빼앗는 기술을 말한다. 태클에는 서 있는 자세로 행하는 스탠딩 태클(standing tackle)과 발을 뻗치며 미끄러져 주저앉아 공을 빼내는 슬라이딩 태클(sliding tackle)의 두 가지가 있다.

태클을 익히는 데는 동작 그 자체 외에도 상대방과 어울려 하는 연습, 즉 1대1, 2대1, 3대2 등과 같은 실전적인 연습을 실시하는 가운데 익히지 않으면 안 될 요소가 많다.

다시 말해 수비를 하기 위한 경기에서는 상대방의 움직임에 따라, 이쪽

▲ 태클
상대방이 점유하고 있는 공을 뺏는 위험한 기술이므로, 반칙이나 부상을 입지 않도록 충분한 연습이 필요하다.

의 다음 동작을 정해야 하며, 또한 태클은 수비 위주의 동작으로 자칫 잘못하다가는 반칙을 범하기 쉽다.

특히, 연습 과정이 매우 위험하므로 초등학생이나 중학생들로 하여금 완전히 익히게 하기에는 다소 무리한 기술이다.

그래도 수비에 대해서 다음과 같은 점은 충분히 지도하여야 한다.

(1) 수비의 중요성

태클이 하나의 기본 기술이라 하여 어떤 상황에서든 구사해서는 안 된다. 태클 자체의 뜻이 그러하듯, 수비를 위주로 하여 다급한 경우에 상대방이 가진 공을 가로챌 수 있도록 충분히 연습해 두어야 한다.

(2) 반칙을 하지 않고 막을 것

차지(charge), 블로킹(blocking)의 올바른 자세를 먼저 익혀 반칙을 범하지 않도록 한다. 태클할 때 범하기 쉬운 반칙에는 상대방과 나란히 뛰면서 팔꿈치로 상대방을 미는 푸싱(pushing)과 공을 잡으려 하지 않고 발로 거는 트리핑(tripping) 반칙이 있다.

태클에 대한 기술이 부족하면 이상과 같은 반칙을 하기가 쉽고 너무 거칠게 구사하다가는 상대방 또는 자기 자신이 부상을 당할 염려가 있다.

2 스탠딩 태클(standing tackle)

상대방이 공을 드리블하여 접근해 오면, 방어자는 상대방을 따라 뛸 수 있는 자세를 취한다. 무릎을 약간 굽히고 발 사이를 좁힌다. 발꿈치를 올린 채 눈은 공을 주시하고 상대방의 움직임을 곁눈질로 쫓는다. 공이 상대방의 발 밑에서 떠나 볼 컨트롤이 흐트러질 때를 노린다.

상대방이 갖고 있는 공을 뺏을 때는, 이쪽에서 달려들려는 것을 상대방이 눈치 채지 않도록 하는 것이 중요하다. 일류 선수가 되면 이쪽의 무릎이 조금만 움직여도 태클이 들어올 것을 예상하고 재빠르게 이에 대처할 것이다.

따라서, 한 동작으로 뛰어드는 것이 하나의 방법이다. 그러므로, 한 발로 내딛고 뛰어드는 것과 같은 두 동작의 태클은 실전에서는 그다지 쓸모가 없게 된다.

▲▶ 태클
1 공을 주시하며, 태클 동작은 재빨리.
2 땅을 스치듯이 발 안쪽을 공 중심에 닿게 한다.

　재빨리 한 동작으로 뛰어드는 것이 태클의 포인트이다. 태클을 하는 발의 안쪽은 발 안쪽으로 하는 키킹과 마찬가지로 발끝을 밖으로 돌리고 발 안쪽 면을 공에 직각으로 갖다 댄다. 발 안쪽을 공에 접촉시키는 순간에는 상반신을 약간 앞으로 기울여 상대방에게 가까이 가져간다.

▲▶ 태클의 실례 : 최후까지 공에서 눈을 떼지 말 것

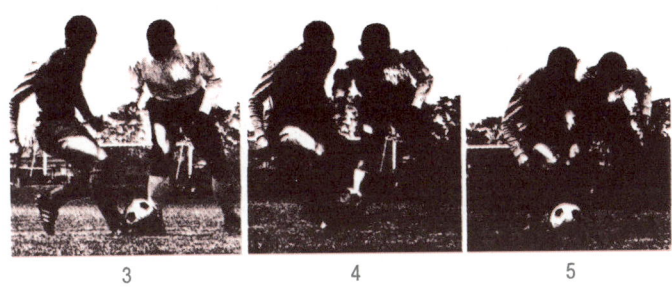

3 공에 닿는 동시에 반대쪽 발을 당겨 모아,
4~5 몸을 상대방에게 기댄다.

 태클을 하여 공을 뺏은 뒤에는 곧 다음 동작으로 옮겨야 하며, 설사 실패하더라도 곧 다시 따라가 뛸 수 있어야 한다. 그러기 위해서는 한 발로 공을 누르는 동시에 곧 다른 한 발을 끌어당겨 다음 동작으로 옮길 수 있는 자세를 취하는 것이 이상적이다.

연 습

단 독 ▶ 공 없이 혼자서 태클의 자세를 익힌다.

2인 1조 ▶ ① 한 사람이 발의 안쪽 또는 바깥쪽으로 공을 정지하여 갖고, 다른 한 사람이 태클을 한다. 처음에는 50cm 정도 떨어진 곳에서 선 채로 뛰어들고, 다음은 2~3보 거리에서 천천히 뛰어들어 태클을 한다.
② 한 사람이 드리블을 하면 다른 한 사람이 마주 와서 태클을 한다. 처음에는 드리블을 하는 사람은 상대방이 태클을 쉽게 할 수 있도록 천천히 한다.

③ 슬라이딩 태클(sliding tackle)

올바른 슬라이딩 태클을 행할 경우에는 자기나 상대방도 부상할 위험은 없다. 그러나, 두 발을 모아 뛰어오르면서 하는 태클은 상대방의 정강이에 상처를 입힐 우려가 있으므로, 설사 상대방 발에 접촉하지 않는다 해도 상대에게 뛰어든(jumping at an opponent) 플레이로 이를 금지하고 있다.

슬라이딩하여 공을 누르거나 차내는 태클은

다급하여 어쩔 수 없이 그 공을 처리해야 할 때만 사용된다. 슬라이딩 태클은 다음과 같은 방법으로 하는 것이 좋다.

① 나란히 뛰면서 옆으로부터 뛰어들어 상대방에게서 먼 쪽의 발로 태클을 한다. 이렇게 하면 상대방의 발을 거는 반칙을 피할 수 있다.

② 한쪽 발을 힘껏 내딛고, 중심을 낮게 하여 태클을 하는 발을 뻗는다. 손가락 끝을 앞으로 하여 땅에 댄다.

③ 발의 바깥쪽 끝으로 땅을 스침으로써 발의 안쪽이나 바닥으로 공을 누르거나 발등으로 차낸다.

▲ 슬라이딩 태클의 실례

연습

단독 ▶
① 공 없이 천천히 슬라이딩 태클의 자세를 잡아 본다. 즉, 세운 발의 무릎을 굽히고 팔로 몸을 지지하면서, 또 양손이 꺾이지 않도록 안쪽으로 모으고 달려가 뛰어든다. 이때 멈추는 발의 무릎을 뻗으면서 발 안쪽 또는 발바닥으로 공을 차 내는 동작을 되풀이한다.

② 공을 4~5m 앞에 놓고 뛰어들어 공을 옆으로 차 내는 연습을 한다.

2인 1조 ▶
① 상대방이 천천히 차는 동작을 하면 한 사람이 슬라이딩 태클을 하는 연습을 한다.

② 천천히 굴려 보낸 공에 뛰어든다.

4 어깨로 어깨를 민다(숄더 차지)

공을 갖고 있는 상대방의 어깨를 밀어서 상대방의 자세를 무너뜨리는 것은 반칙이 아니다. 이러한 위험하지 않고 난폭하지 않은 차지를 '숄더 차지(shoulder charge)'라고 한다. 실전에서 서로 다른 팀의 두 선수가 나란히 뛰면서 이 올바른 차지로 공을 빼앗는 것은 흔히 있는 일이다.

숄더 차지를 할 때의 방법은 다음과 같다.
① 상대방의 중심이 자기의 반대쪽 발에 옮겨졌을 때, 즉 반대쪽 발이 땅에 닿았을 때 사용한다. 즉, 상대방은 한 발로 서 있으므로 이때 차지를 가하면 몸의 균형을 잃고 한쪽으로 넘어지기 때문에 공을 지배할 수 있다.
② 일단 공을 뺏으면 상대방과 공 사이에 자기 몸을 위치시켜 상대방을 등쪽으로 따돌린다. 특히, 이 경우에 반칙을 범하기 쉬운데 발꿈치로 상대방을 밀거나 공을 누르지 않고 발을 거는 일이 없도록 주의해야 한다.

1   2   3   4

▲▶ **숄더 차지**(shoulder charge)
1 공에 서로 달려든다.
2 어깨와 어깨로 서로 밀치는 것은 정당한 차지.
3 상대방이 바깥쪽 발에 중심을 옮긴 순간을 노려 상대방의 자세를 흐뜨리고,
4 상대방과 공 사이로 들어가 공을 빼앗는다.

▲ 숄더 차지의 연습 ①

▲ 숄더 차지의 연습 ②

연 습

① 2명이 나란히 드리블을 하면서 달리다가 적당한 시기를 보아 차지를 행한다(상대방은 적극적으로 방어하지 말고 태클을 쉽게 할 수 있도록 해준다).

② ①번을 제대로 할 수 있게 되면 상대방은 차지에 대하여 적극적으로 저항한다.

③ 공을 전방에 놓고 2명이 동시에 출발, 공에 선착한 쪽이 공을 가로채고 다른 한 사람이 어깨로 차지하며 공을 가로채려고 한다.

6 기본 기술 9 : 스로인(throw-in)

1 오프사이드가 없다

스로인의 방법은 경기 규칙에 확실히 정해져 있다. 선수는 경기장 안을 향해 양 발을 터치 라인 바깥쪽 지면 위에 선다.

양손으로 공을 잡고 머리 뒤편에서 머리 위로 넘겨 똑바로 던져 넣는다.

이와 같은 올바른 스로인의 기술을 대수롭지 않게 여기는 선수가 있는데, 이것은 큰 잘못이다.

스로인은 손으로 던지는 것이기 때문에 공을 정확하게 보내는 데는 매우 유리하다.

스로인으로부터는 직접 득점이 되지 않으며 스로인을 하여 자기 골에 직접 넣었을 때에는 상대에게 코너 킥을, 상대 골에 넣었을 때에는 상대에게 골 킥을 주게

▲ 스로인의 올바른 자세

된다.

더구나 스로인할 때는 오프사이드 반칙이 적용되지 않는다. 경기 규칙에 스로인된 공을 받는 선수는 어디에 있거나 오프사이드가 되지 않는다고 정해져 있다. 따라서, 스로인으로 멀리 있는 같은 팀 선수에게 정확히 좋은 공을 던지면 상대편은 곤경에 빠지는 수가 많다.

실제로 30m 정도까지 던지는 선수도 있다. 그러한 스로인을 페널티 에어리어(penalty area) 부근에서 하면, 코너 킥과 맞먹는 효과를 거둘 수가 있다. 그러한 까닭에 스로인에 대하여 더욱 주의를 기울여야 한다.

또한 스로인에 익숙하지 못한 선수는 모처럼의 기회를 얻었는데 '파울 스로우(foul throw)', 즉 스로인 반칙을 범함으로써 공을 상대편에게 넘겨 주고 마는 경우도 많다. 이런 예로 미루어 보더라도 스로인이란 결코 쉽게 취급할 기술이 아님을 알 수 있다.

2 올바른 스로인

스로인의 포인트는 '바르게', '빨리(타이밍에 맞게)', '정확히' 해야 한다.

스로인은 선 채로 할 수도 있고, 달려나가면서 할 수도 있다. 선 채로 스로인을 할 경우에는 양손의 엄지손가락과 집게손가락 끝이 서로 닿을 정도로 뒤에서 공을 받친다. 즉, 손바닥으로 공을 잡는 것이 아니라

▲ 공을 잡는 올바른 자세
손가락을 넓혀 공 뒤쪽을 누른다

손가락 끝으로 누르듯이 잡는다. 양팔을 굽히고, 머리 바로 뒤로 가져간다. 양 발을 벌리고 체중을 고루 얹는다. 양 발, 상체, 어깨, 양팔, 양 손목, 손, 손가락 등을 잘 이용하여 공을 던진다. 이 동작은 무릎을 약간 굽혀 상체를 활 모양으로 뒤로 젖힌 다음, 상체를 일으키면서 앞으로 기울여 팔을 한껏 뻗어 손목을 내려 손끝이 아래로 향한 데서 끝난다.

달리며 하는 스로인의 경우도 방법은 대체로 같다. 대충 5~8보 정도 달려가서 공을 던진다. 달리며 하는 스로인에서 주의할 점은, 던질 때 발이 어느 한 발이라도 땅에서 떨어지지 않도록 주의해야 한다.

▲ 스로인의 바른 실례

양 발 모두 땅에 딛고 서서 양 손으로 공을 잡고 머리 뒤로 넘겼다가 앞으로 힘껏 내던질 것.

▲ 스로인의 반칙(라인 크로스)

터치라인 안쪽으로 완전히 넘어 가면 안 된다.

3 스로인은 임기 응변으로

스로인을 받으려는 선수의 옆에는 항상 상대편 선수가 붙어서 마크(mark)하게 마련이다. 그러므로 이 마크를 따돌리고 스로인하는 것이 가장 중요하다. 이런 경우 다음과 같은 방법이 필요하다.

① 상대방이 미처 수비 태세를 갖추기 전에 빨리 마크 상대가 없는 자기편 선수에게 던지는 것이 가장 효과적인데, 마크하고 있는 상

대방이 배후에 있을 경우에는 받는 쪽이 자기 몸 앞에서 엄지손가락이나 눈짓 등으로 스로인해 주기 바라는 방향을 지시한다. 공을 받는 선수는 반대쪽으로 움직이는 것처럼 페인트를 걸고 나서 공을 받는다.

② 스로인하는 선수가 공을 던질 태세를 갖춘 다음에 받는 쪽 선수의 행동이 시작되어야 한다. 그렇지 않으면 상대방이 따라붙게 되어 던질 곳이 없어지기 때문이다.

③ 스로인하는 선수는 라인 밖에서 공을 주우면서 빨리 그라운드 안의 상대편과 자기편의 상황을 살펴야 한다. 또한 던질 때 페인트를 걸 수도 있다. 예를 들면, 오른쪽으로 던지는 척하다가 왼쪽으로 던지거나 혹은 멀리 던지는 척하다가 가까운 곳에 있는 자기편 선수에게 던지는 등.

▲ 스로인을 받는 방법

받는 선수가 상대를 등 뒤에 두고, 손으로 던져 줄 방향을 지시, 반대 방향으로 뛰는 척하면서 마크를 제치고 공을 받는다. 이것은 상대방의 마크를 따돌리는 한 가지 방법이다.

④ 받을 선수가 던지는 선수 쪽으로 너무 가까이 접근하지 않는 것이 좋다. 왜냐하면 너무 접근하게 되면 상대방도 눈치를 채고 가까이 다가오기 때문에 공을 받을 때 그 처리가 어렵게 된다. 그러한 상황을 잘 판단하지 않으면 안 된다.

연 습

반드시 라인을 긋고 연습한다. 2인 1조의 경우에는 두 사람 앞에 라인을 긋도록 한다.

단 독 ▶ 공 없이 선 채 하는 스로인과 달리며 하는 스로인의 자세를 익힌다.

2인 1조 ▶
① 약 10m의 간격으로 서서, 먼저 공을 바로 잡고 던지는 자세를 익힌다. 한 사람이 던지면 다른 한 사람은 정지시켜 스로인으로 돌려보낸다.
② 머리 높이, 가슴 높이, 먼 거리 등의 연습을 되풀이한다.
③ 실전과 같이 한 사람에 한 사람씩 상대를 붙여 모두 함께 연습한다.
④ 뛰고 있는 자기편 선수에게 공을 넘긴다. 실전과 같이 자기편 선수에게 공을 넘긴다. 실전과 같이 자기편 선수를 뛰게 해서 스로인을 한다.

7. 기본 기술 10 : 슈 팅(shooting)

1 슛의 거리·각도·표적

슛의 기본적인 원칙은 패스와 거의 같다. 다만, 공을 차는 힘과 차는 각도와 공이 날아가는 방향을 더한층 세밀하게 컨트롤할 수 있어야 한다. 여러 가지 형식이 있지만, 기본은 같으며 극히 단순하다.

슛을 할 때 중요한 것은 킥하는 발보다 세운 발을 어떤 위치에 놓느냐이다. 즉, 차는 발을 바른 각도에서 찰 수 있으냐 없느냐는 세운 발

◀ 세운 발의 위치가 중요

의 위치 여하에 따라 정해지기 때문이다.

　예를 들면, 세운 발을 공 뒤편에 놓으면 킥한 공은 높이 날아간다. 반대로 세운 발을 공 바로 옆에 놓으면 공은 낮게 지면에 평행하게 날아간다. 잘못하여 세운 발을 공보다 앞으로 내딛은 경우에는 공이 어느 정도 땅에 눌리는 듯한 모양이 되어, 킥한 힘이 줄어들어 마음먹은 방향도 제대로 잡지 못한다.

　이와 같이 공이 날아가는 각도는 세운 발의 위치에 따라 결정된다. 공을 중심으로 하는 라인(옆, 뒤, 앞)을 가정하여, 세운 발이 그 라인과 어떠한 관계가 성립된다는 점을 알 수 있다. 이러한 관계는 공이 움직이고 있는 경우에서든 정지하고 있는 경우에서든 마찬가지이다.

　공이 날아가는 방향은 킥하는 순간의 세운 발의 발끝과 무릎의 위치에 따라 정해진다. 정해진 표적을 향해 슛하려면, 세운 발의 발끝과 무릎은 그 표적 방향과 마주 향해 있어야 한다.

　이상 두 가지 원칙을 의식하지 않고도 자연스럽게 해낼 수 있을 만큼 되풀이하여 몸에 익히도록 한다.

　상체의 자세도 중요하다. 몸의 중간 높이나

그보다 낮은 슛을 할 때는 어깨가 세운 발의 발끝과 무릎의 바로 위에 오도록 서서, 상체를 충분히 앞으로 기울일 수 있는 정도의 자세를 취한다.

골 킥 등과 같이 공을 높게 찰 필요가 있을 때는 상체를 가볍게 뒤로 끌어당기어, 어깨가 세운 발의 발끝과 무릎보다 뒤로 오는 자세를 취한다.

2 여러 가지 슛

공을 차는 데는 발의 여러 부분을 사용한다. 발등, 발등의 안쪽과 바깥쪽, 발의 인사이드와 아웃사이드, 때로는 발꿈치나 발끝도 사용한다.

발등은 장거리 슛에 쓰인다. 왜냐하면, 발등의 한복판은 공에 닿는 부분이 넓어 바르게 큰 힘을 가할 수 있기 때문이다.

휘어지는 슛을 할 때에는 발등의 안쪽이나 바깥쪽을 사용한다.

왼쪽으로 휘는 슛을 왼발로 하려면, 공의 중심이 아니라 공의 오른쪽을 발등 바깥쪽으로 차야 한다. 반대로 오른쪽으로 휘는 슛을 하려면, 왼발의 발등 안쪽으로 공의 왼쪽을 차야

한다.

  오른발로 오른쪽으로 휘는 슛을 하려면, 발등의 바깥쪽으로 공의 왼쪽을 찬다.

  발의 인사이드와 아웃사이드는 골 가까이까지 공격해 들어갔을 때 흔히 사용된다. 골키퍼는 상대방 선수가 공격해 들어왔을 때, 그 선수를 향해 뛰어나가 슛의 각도를 좁혀서 슛을 못 하게 한다. 그러한 경우에 발의 안쪽이나 바깥쪽으로 밀어 넣는 듯한 슛이 자주 이용된다.

  이때에 골키퍼는 자기가 수비하기에 편한 골의 한 구석을 상대편으로 하여금 노리도록 그 쪽에 일부러 공간을 만들려고도 한다. 그러한 골키퍼의 전술도 있으므로, 공격하는 선수는 공간에만 너무 집착하지 말고, 주의 깊게 살펴 보고 슛을 하도록 해야 한다.

  골키퍼에게는 약한 슛이라 할지라도 정확한 슛이 강한 슛보다 막아 내기 어렵기 때문이다.

  강 슛의 경우는 공이 날아오는 속도는 확실히 빠르나, 슛의 방향은 그다지 변화가 없다. 그러므로 설사 슛이 약하더라도, 계산에 넣어 겨냥된 슛은 어떻게 들어올지 골키퍼로서는 예측하기 어려운 것이다.

인사이드 킥은 발과 공의 접촉면이 더욱 넓기 때문에, 정확한 슛을 할 수 있다.

장거리 슛의 경우, 차는 발의 동작은 다음 세 가지 점에 특히 주의하지 않으면 안 된다.

① 발을 굽히면서, 되도록 뒤로 그리고 위로 가져간다.
② 공을 차기 위한 발의 동작은 시작부터 폭발적이어야 한다.
③ 공을 찬 다음, 발은 반원을 그려 자르는 정도로 앞으로 또는 위로 쭉 뻗도록 한다.

하프 발리 킥(half volley kick)이나 발리 킥(volley kick)의 경우에는, 무릎과 발목을 뒤로 스윙했다가 뻗은 발끝과 무릎이 같은 거리로 나가도록 하여, 공이 낮게 수평으로 날아가도록 한다.

3 공에서 눈을 떼지 말 것

슛에 대한 또 한 가지 기본적인 원칙이 있다. 그것은 공을 차는 순간에는 공에서 눈을 떼지 않는 것이다.

킥 직전에, 상대편의 수비 선수, 골키퍼 그리

고 골과의 위치는 확인해 두어야 한다. 그리고, 슛의 방향과 힘의 안배를 정확하게 정하고 슛하는 순간에는 눈이 공으로 되돌아와야 한다.

킥할 때의 몸의 균형을 잡기 위해서는 양팔이 중요한 역할을 한다. 차는 발 쪽의 팔은 약간 몸에서 떼어 아래로 내린다. 세운 발 쪽의 팔은 거의 어깨 높이까지 들어 올린다.

킥할 때는 불필요한 근육을 수축하면 안 된다. 즉, 몸의 다른 부분의 근육은 긴장을 풀어 편안히 하고 모든 에너지를 차는 발에 집중시켜, 빠르고 강력한 킥을 해야 한다.

공을 차는 것은 폭발적인 힘이다! 그러한 슛을 하기 위해서는 근육의 힘을 최고 상태에서 구사해야 한다. 그러므로 이 동작에 필요하지 않은 다른 근육을 쓸데없이 긴장시켜 에너지를 헛되이 소모하면 안 된다.

4 좌·우 어디서나 슛할 수 있도록

제아무리 상대편 진영의 골 앞까지 공을 몰고 갔다 하더라도 득점과 연결시키지 못하면 아무 소용이 없다. 그러므로 몇 번 안 되는 슛 기회를 쉽사리 놓쳐서는 안 된다.

슛의 기본을 충분히 연습할 것. 또 양 발 모두 슛을 할 수 있도록 많은 연습을 해야 한다. 선수는 어느 쪽 발로도 슛을 훌륭히 할 수 있어야 한다.

또, 겨냥한 장소에 바른 슛을 하여 득점할 수 있도록 정확한 슛의 각도를 익히도록 해야 한다.

그리고, 슛 기회를 잡으면, 더 이상의 드리블을 하지 않는다. 공을 빼앗길 위험이 있는 불필요한 드리블을 계속 하느니보다, 슛 기회를 놓치지 말고 득점과 연결되도록 하는 것이 중요하다.

골에서 30m 이내의 지점이라면 어디에서나 슛을 할 수 있는 기회가 있으므로, 페널티 에어리어 안으로 몰고 갈 때까지 슛을 망설이거나 하면 안 된다.

또 한 가지 알아 둘 것은 슛하기 좋은 위치에 자기편이 있을 때는, 무리하게 자기가 슛하려 하지 말고, 자기편에게 패스해 주는 것이 좋다. 패스해 주는 선수는 킥이나 헤딩으로 득점하는 선수와 마찬가지로 중요한 것이다.

패스를 받은 선수는 그 공을 정지시키지 않고 직접 슛을 하는 것이 가장 좋다. 즉, 페널티 에어리어 안에서는 재빠른 볼 컨트롤과 신속한 슛이 가장 효과적이다.

연 습

단 독 ▶ 페널티 에어리어 부근에서는 공을 놓고 미리 슛할 표적을 정한 다음 그곳에 들어가도록 연습한다. 여러 가지 다른 킥으로 찬다.

2인 1조 ▶
① 한 사람은 공을 정면, 비스듬히 앞으로, 옆 또는 비스듬히 뒤에서 천천히 굴려 주고, 다른 사람은 슛을 하도록 한다.

② 공을 뒤에서 또는 비스듬히 뒤에서 굴리게 하고, 한 사람은 이것을 마크하고 킥하는 사람은 이를 피해 슛한다. 수비하는 사람은 처음부터 너무 적극적으로 수비하지 않도록 하고, 익숙해짐에 따라 차츰 강도를 높여 마크한다.

③ 페널티 에어리어 밖에서 드리블하여 그대로 슛한다. 드리블의 방향은 골키퍼의 정면이 아닌 좌우 어느 한쪽의 골포스트 방향으로 드리블하고 골키퍼와 어느 정도의 각도를 두고 슛한다.

8 기본 기술 11 : 골키퍼(goalkeeper)

1 골키퍼의 역할

골키퍼의 임무를 간단히 정의하면 다음의 세 가지로 요약할 수 있다.

- 골을 막는다
- 공격을 재개한다
- 수비하는 자기편 선수를 지휘한다

첫 번째 역할은 명백하다. 골키퍼는 패배를 막는 최후의 방어선이다. 그러므로, 절대 실패해서는 안 될 위치이다. 골키퍼의 실수는 허용될 수 없다고 누구나 생각하고 있다.

골키퍼가 확실히 골문을 지켜주느냐 그렇지 못하느냐에 따라 그 팀 전체의 사기에 영향을 미친다. 그래서 골키퍼는 자기가 실수했을 경우라도 냉정하지 않으면 안 된다.

골을 막는 길은 참으로 어려운 것이다. 예를 들면, 얼른 보아 대단치 않은 슛을 막는 것도 골키퍼 자신은 모든 신경을 집중시켜 막기 때

문에 극히 어려운 것이다.

　골문 중앙에 자리 잡고 양쪽을 바라볼 때 수비하지 않으면 안 될 확 트인 공간은 불안한 느낌이 항상 따르게 마련이다. 앞에서는 공격하는 편과 수비하는 편이 한데 어울려 10명에서 12명이 일단이 되어 촌각을 다투는 장면이 시야에서 전개된다. 이러한 때의 초조감과 불안감은 골키퍼만이 느끼는 경험이다. 이 밖에 악조건이 겹치는 경우는 얼마든지 있다.

골 에어리어나 페널티 에어리어 안은 혼전이 심한 곳이라 그라운드는 평평하지도 않다. 바람의 강도나 방향도 생각하지 않으면 안 된다. 태양의 위치도 고려하지 않으면 안 된다. 절대로 실수해선 안 된다는 긴장감, 시합에 패했을 때는 골키퍼에게 그 책임을 묻는 경우가 얼마나 많은가!

여하튼 골키퍼는 가장 어려운 위치를 담당하고 있는 것이다. 이토록 어려운 위치인 만큼 골키퍼는 손으로 공을 다룰 수 있도록 허용된 유일한 선수이다.

따라서, 골키퍼의 역할은 다른 선수와 마찬가지로 기본 기술을 익힌 다음, 다시 손을 유효 적절하게 사용하여 공을 정확하고 안전하게 잡아낼 수 있는 기술을 비롯한 골키핑(goalkeeping), 즉 골을 지키는 기술을 익혀야 한다. 또한, 골키퍼는 다른 위치의 선수 이상으로 여러 가지 기술을 갖추고 있어야 한다.

골과 슛의 각도, 프리 킥에 대비해 수비벽을 만드는 법, 상대방의 공격진과 자기편 선수의 수비하는 형태 등 여러 가지를 알아야 한다.

(1) 골키퍼의 필수 조건

골키퍼는 다음과 같은 필수 조건을 갖추어야 한다.
① 반사 신경이 뛰어나야 하며,
② 냉정한 판단력이 있어야 하고,
③ 용감하며,
④ 신장이 크고 건장하며 균형 잡힌 체격이어야 하며
⑤ 점프력, 기민성, 유연성 등이 요구된다.

(2) 기본 자세

두 발을 약 30cm 정도 벌리고, 무릎을 약간 굽혀 체중을 발바닥 전체에 두고 몸을 약간 앞으로 기울인다. 두 손은 팔꿈치에서부터 땅과 평행이 되도록 내밀고, 손바닥은 아래로 향한다.

또한, 언제 어느 쪽으로든 움직일 수 있는 자세를 취한다. 자기편 수비진을 자기가 수비하기 좋도록 지시하면서 조금씩 위치를 옮긴다. 공을 잡을 때까지 공에서 눈을 떼면 안 된다.

▲ 기본 자세

발끝에 체중을 싣고 발뒤꿈치는 약간 올린다. 공이 좌우 어느 쪽에서 오더라도 재빨리 움직일 수 있는 자세를 취한다.

2 골키퍼의 5가지 포인트

　골키퍼는 풍부한 시합 경험을 통해 좋은 실력과 기술을 발휘할 수가 있다. 많은 시합을 경험하면서 중요한 점들을 직접 배워야 한다. 여기서는 극히 상식적인 것을 살펴보겠다.

(1) 항상 골을 염두에 둔다

　시합 중에는 공과 골 사이의 거리, 상대방이 공의 어느 부분을 겨냥하고 있는가, 날아오는 공의 방향에 대한 판단이 전부 골과 밀접한 관계를 이루는 것이므로, 골키퍼는 어디에 서 있거나 항상 골포스트와 자기와의 위치를 염두에 두고 판단해야 한다.

(2) 위치 잡는 법

슛을 해 올 것이라 예상되는 쪽으로 다가가서, 그림과 같은 위치를 잡는 것이 원칙이다. 그러나, 이것은 어디까지나 원칙에 지나지 않으며, 그때그때의 상황에 따라 달라진다. 공이 멀리 있을 때는 골라인 위에 서 있는 것이 가장 좋다. 그리고, 자기편의 수비에 의해 공이 시야에서 가려지는 일이 없도록 지시한다.

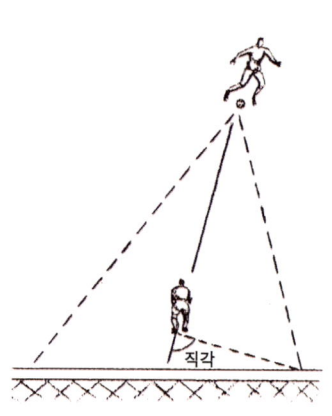

▲ 골키퍼의 위치 잡는 법

(3) 1대1의 상황일 때는 곧 전진할 것

골 앞으로 날아오는 센터링(centering)을 잡으려 할 때도 물론이지만, 상대편 공격 선수가 단독으로 드리블하여 돌진해 올 때, 골키퍼는 골 라인에서 뛰어나가 막도록 해야 한다. 그런 때는 조금도 주저하지 말고, 전진하여 상대방의 슛 범위를 좁힌다. 그러나 상대방이 슛을 할 때는 그대로 머물러 있어야 한다.

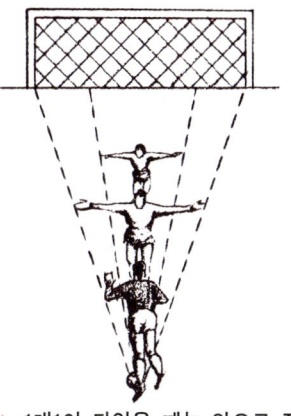

▲ 1대1이 되었을 때는 앞으로 전진, 상대방의 슛 범위를 좁힌다.

(4) 공중으로 날아오는 공은 반드시 잡을 것

페널티 에어리어 안에서는 유일하게 손을 사용할 수 있다는 이점을 십분 활용하여, 공중으로 공이 날아오면 용감하게 뛰어나가야 한다. 일류 골키퍼는 코너 킥이든 센터링이든 페널티 에어리어 안으로 날아오는 공은 모두 자기의 수비 범위로 하고 있다. 골에서 벗어나지 못하고, 슛만 막는 정도로는 훌륭한 골키퍼라고 할 수 없다.

(5) 골키퍼는 리더가 된다

골키퍼는 자기편 수비 선수를 지휘하여 수비

▲ 자기편을 지휘하는 것도 골키퍼의 역할이다

를 튼튼히 하는 조직을 짜야 한다. 골키퍼는 그라운드의 맨 후방에 위치하고 있으므로 시야가 넓기 때문에 경기의 전개와 동향을 파악하기 쉽다.

따라서, 상대편의 움직임이나 자기편 위치의 약점 등에 대하여 즉시 주의와 경고를 하여 수비 형태를 바로잡게 하는 등 자기편에게 지시를 하고 팀을 격려하는 것이 훌륭한 골키퍼라 할 수 있다.

3 캐칭(catching)

(1) 공을 감싸는 방법

언제나 두 손을 가지런히 하고, 손가락은 가볍게 뻗는다. 공이 손바닥에 닿는 순간에 손가락으로 공을 빨아들이는 것처럼 감싸 쥐고 뒤로 당기면서 그 힘을 줄인다.

굴러 오는 공을 잡을 때는 새끼손가락이 서로 닿을 정도로 하여, 공이 날아온 방향의 정면에서 잡는다.

▼▶ 공을 잡는 자세

▲ 높은 공을 잡는 자세

▲ 낮은 공을 잡는 자세

(2) 무릎 아래의 공은 두 발로

1) 대기 자세

공이 날아오는 방향으로 두 발을 약 10~12cm 정도 벌려 똑바로 선다. 무릎을 펴고, 상체를 잔뜩 굽힌다. 두 팔을 뻗어 손가락이 땅에 닿도록 아래로 내리고, 양쪽 새끼손가락이 마주 닿도록 손바닥을 앞으로 향한다.

2) 접촉하는 순간과 감싸기

공이 구르는 힘을 이용하여, 공을 잡아 상체를 일으키면서 가슴 높이로 들어 올려 감싸 안는다.

> **연 습**
>
> **단 독 ▶** 공 없이 제자리에서 캐칭 동작을 반복한다. 다음에는 옆으로 이동해 가다가 신호에 따라 이 동작을 행한다.
>
> **2인 1조 ▶** ① 마주 향해 한 사람이 굴려준 공을 그 자리에서 캐칭한다.
> ② 골 라인에서 4~5m 떨어져 평행으로 이동하는 한 사람이 예고 없이 굴리는 공을 이동하며 캐칭한다.
> ③ 골에서 약 15m 떨어져 굴려 준 공을 전진하여 캐칭한다.

(3) 무릎 아래의 공은 한 발을 꿇고

1) 공이 다가올 때

공이 굴러 오는 쪽으로 움직여 되도록 정면에서 세운 발의 발끝을 공의 진행 방향과 직각으로 선다. 무릎을 굽히고 체중을 잘 지탱한다.

2) 접촉하는 순간과 감싸기

공과 먼 쪽 발을 내딛으면서, 상체를 공 쪽으로 굽히고, 두 손을 아래로 뻗어 손바닥을

▲▶ 정면에서 굴러 오는 공의 캐칭 방법
1 무릎을 펴고 발꿈치를 모아 허리에서 몸을 구부려 앞으로 수그린다.
2 양 발 앞에서 잡아
3~4 그대로 가슴에 감싼다.

공에 대고 공의 힘을 이용하여 팔꿈치를 굽히면서 동시에 가슴에 안는다.

(4) 무릎에서 가슴 높이의 공

1) 준비 자세

두 발을 약 10~15cm 벌린 자세에서 또는, 앞뒤로 벌린 자세를 취한다. 전후로 벌린 경우에는 체중의 대부분은 앞발에 얹는다. 상체는 약간 앞으로 구부리고 손바닥을 위로 하여, 팔꿈치를 굽혀 팔을 앞으로 내민다.

▲▶ 허리 및 배 높이의 공 캐칭
  1 몸을 공 정면으로 가져가 두 팔꿈치를 가볍게 굽히고 손바닥을 위로 하여,
  2~3 가슴으로 감싸 안는다.
  4 공이 튀어 나가는 것을 양팔로 감싸 멈추어 막는다.

2) 접촉하는 순간과 감싸기

공이 튀어 나갈 우려가 가장 적은 부분이 바로 복부이다. 그러므로, 이런 이점을 살려 두 팔과 복부로 또는 가슴에 품듯이 정확하게 잡도록 한다.

공이 닿는 순간, 손목을 안으로 당기고 팔꿈치를 구부리도록 한다. 공이 가슴이나 복부에 닿는 동시에 팔과 손바닥으로 공을 감싸 튀어 나가지 않도록 한다.

연 습

자기 손바닥 위에 공을 얹고 가슴으로 안는 동작 ◀ 단 독
을 되풀이한다.

① 5~6m 앞에서 한 사람이 던져 준 공을 잡는다. 처 ◀ 2인 1조
   음엔 그 자리에서, 다음엔 앞으로 나가며 받는다.
② 8~10m 앞에서 한 사람이 1~1.5m 옆으로 공을 던
   지게 하여 이를 받아 감싸는 자세를 익힌다.

(5) 머리 위로 날아오는 공

1) 준비 자세

두 발을 좌우 또는 전후로 벌리고, 상체를 일으켜 세운다. 팔꿈치를 약간 굽히고 손바닥을 벌리고 팔을 앞 위쪽으로 내민다.

2) 접촉하는 순간과 감싸기

다음, 공을 감싸 안고 손목과 팔로 가슴에 끌어안는다. 끌어안는 동작에는 곧바로 끌어안는 것과 재빨리 안쪽으로 떨어뜨려 끌어안는 두 가지의 방법이 있다.

▲ 위에서 떨어지는 공은 위로 손을 뻗어 잡아,

▲ 가슴으로 감싸 안는다

4 펀칭(punching) = 피스팅(fisting)

골키퍼가 미처 공을 잡을 만한 여유가 없을 경우 손으로 쳐내는 기술을 펀칭 또는 피스팅이라고 한다.

상대방의 결정적인 헤딩의 우려가 있다든지 특히 크로스바나 골포스트를 향해 아슬아슬하게 날아드는 공을 잡기란 결코 쉽지 않다. 차지가 심할 경우나 정확하게 잡을 만한 여유가 없을 경우에는 재빨리 판단을 내려 일단 공을 쳐낸 다음 태세를 재정비하는 것이 최선의 방법이다.

공을 펀칭하는 부분은, 엄지손가락을 바깥으로 하여 주먹을 쥐고, 제1관절과 제2관절 사이의 평평한 부분으로 쳐낸다. 양손을 한데 모아 펀칭할 때는 이 부분을 옆으로 대어

▲ 펀칭
한쪽 주먹으로 쳐낸다. 혼전 때 위기를 모면하는 수단.

평면을 이루고 쳐내야 한다. 펀칭은 한 손으로 할 때와 두 손을 한데 모아 쳐내는 경우가 있다.

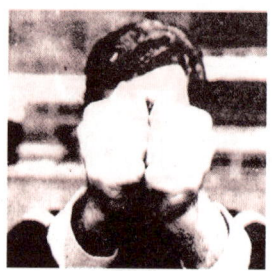

▲ 공을 펀칭할 때 주먹 쥐는 법

▲▶ 펀칭
1 공을 최후까지 주시한다.
2 주먹을 가슴에서 공중으로 내뻗고,
3 옆으로 넘어지면서 공을 쳐낸다.

◀ 단 독

연 습

① 공 없이 동작만을 익힌다.
② 볼 펜듈럼(ball pendulum) Ⅰ: 2m 정도의 높이로 공을 매달고, 2~3보 앞으로 전진하여 점프함과 동시에 앞쪽으로 펀칭한다.
③ 볼 펜듈럼 Ⅱ: 방향을 바꾸어 가며 펀칭한다. 상반신 전체를 펀칭할 방향을 향해 점프하여 때린다.

◀ 2인 1조

① 상대방이 던져 준 공을 펀칭으로 되돌려 보낸다.
② 10~15m 떨어진 지점에서 코치가 좌우의 골포스트를 겨냥하여 공을 던지면, 그 공을 펀칭하여 미리 선정한 목표 지점으로 되돌려 보낸다.
③ 상대를 한 사람 붙여 주고 두 사람 사이로 공을 던져 펀칭을 방해하게 한다.

5 디플렉팅(deflecting)

  골키퍼는 공을 정확히 잡음으로써 상대편에게 득점을 허용하는 일이 없도록 하고, 아울러 자기편의 공으로 만들어야 한다는 점을 항상 염두에 두어야 한다. 물론, 부득이한 경우에는 공의 진로를 바꾸어 될 수 있는 대로 멀리 쳐 보내야 한다.

이 두 가지는 골키퍼의 기본 임무이다. 그러나, 시합을 하다 보면 공을 잡을 수도 없고, 또 쳐서 멀리 보낼 수도 없는 경우가 생긴다.

▲ 공을 손가락으로 쳐낸다

코너 킥이나 센터링한 공이 옆에서 크로스바에 가까이 스쳐 올 때 손가락으로 골 뒤쪽으로 쳐서 넘긴다.

이럴 때 손바닥이나 손가락을 사용하여 공을 골 밖으로 퉁겨 내는 '디플렉팅'을 사용하게 된다.

예를 들면, 공이 크로스바와 거의 같은 높이로 날아올 때 뒤로 물러나면서 공을 잡으면 그대로 골 안으로 밀려 들어갈 우려가 있다. 코너 킥이나 센터링에서 옆으로부터 공이 크로스바를 스치듯 날아들 때도 있다.

이처럼 공을 캐칭 또는 펀칭하기 어려운 상황에 처했을 때는, 몸을 뒤로 제치면서 손바닥으로 공을 퉁겨 골 뒤쪽으로 쳐내든가 해야 한다. 그 결과 코너 킥을 상대편에 준다고 해도 골 앞에서의 위험을 피하는 편이 바람직하다.

이 디플렉팅(터치 아웃이 되는)은 다른 수단이 없을 때, 즉 최후의 수단으로만 사용해야 한다.

▲ 공을 뒤로 쳐낼 때 손을 사용하는 방법

디플렉팅의 요점은 점프하여 되도록 공에 가까이 하여 손바닥을 충분히 펴서 공에 확실하게 대고, 위로 밀어 올리듯이 크로스바를 넘기도록 한다.

◀ 정면에서 날아드는 공을 손바닥으로 쳐 넘긴다

크로스바에 닿을 듯한 높은 공이 날아들 때, 뒤로 물러서면서 잡으면 몸이 골 안으로 들어갈 위험이 있다. 이런 때는 사진과 같이 상체를 뒤로 젖히면서 손바닥으로 공을 퉁겨 골 뒤로 쳐낸다.

6 다이빙(diving)

골키퍼의 다이빙은 매우 어려운 동작이지만 반드시 익혀 두어야 한다. 갑자기 날아드는 공에 대하여 그 위치까지 손이나 발을 이용할 수 없을 만큼 급박한 상황에 사용된다.

상대방의 슛 방향을 예측하여, 미리 공이 날아올 방향으로 몸을 향하고 공을 잡는 것이 바람직하지만, 미리 공이 날아들 방향으로 설 수 없을 때, 또는 달려서 이동할 여유가 없을 때는 옆으로 다이빙 자세로 공에 뛰어들어 멈추는 방법을 취해야 한다.

▲▲▶ 다이빙(diving)
1 공이 날아오는 방향으로 다리에 체중을 싣고,
2 공의 정면을 향하여 다이빙하고, 양손을 뻗는다.
3 다이빙의 정점에서 공을 확실하게 잡는다.

공을 멈춘 다음에는 반드시 공을 가슴에 안아 안전하게 처리하도록 해야 한다.

공을 멈추게 하거나 잡기 위한 다이빙 외에 펀칭을 하기 위해 다이빙을 하는 경우도 있다.

▲ 옆으로 날아 공을 누른다
손바닥 사용법을 주의해 보도록

▲ 넘어지면서 몸으로 공을 지킨다

4 땅에 떨어질 때 공을 가슴으로 끌어당긴다.
5 땅에 닿을 때에는 다리를 구부려 떨어질 때의 충격을 방지하고,
6 떨어진 후 똑바로 몸을 덮어 공을 보호한다.

7 잡은 공의 처리

골키퍼는 최후의 수비 선수이자 최초의 공격 선수이다. 일단 공을 잡으면 상대편에게 빼앗기지 않도록 키핑에 최선을 다해야 한다. 그런 다음 정확하게 자기편에게 패스해야 한다. 패스하는 방법에는 손으로 던지는 것과 멀리 보내기 위해 발로 차는 방법이 있다.

▲▶ 위에서 멀리 던진다(오버 스로)

▲▶ 아래로 굴려 가까운 자기편에 보낸다(언더 스로)

(1) 손으로 던진다(throwing)

 공을 잡으면 재빨리 자기편 선수에게 넘겨주되, 동작은 민첩하고 짧아야 한다.

 그러기 위해서는 손가락을 자연스럽게 펴고, 공을 손바닥으로 잡아 한 손으로 던진다. 공을 던질 때는 완전히 무방비 상태이므로 세심한 주의와 경계를 필요로 한다. 특히 던지려고 공을 뒤로 가져갔을 때 골 라인을 넘어서는 안

된다. 이 경우 골인으로 인정되기 때문이다.

 손으로 던지는 방법에는 손바닥을 위로 하여 던지는 '언더 스로(under throw)'와 손바닥을 아래로 하여 던지는 '오버 스로(over throw)'가 있다.

(2) 발로 찬다(clearing)

 골키퍼가 공을 잡은 다음, 골에서 공을 되도록 멀리 보내기 위해서는 핸드 킥(hand kick, 공을 떨어뜨리고 땅에 닿기 전에 발등으로 찬다), 또는 드롭 킥(drop kick, 공이 땅에 떨어졌다가 튀어 오르는 순간에 발등으로 찬다)을 사용한다.

 이상 두 가지 킥을 클리어링(clearing)이라 하는데, 이것은 다만 위험을 피하기 위해 사용될 뿐 아니라, 역습을 위해 최전선에 있는 자기편 공격진에 패스하는 목적으로 사용하는 것이 바람직하다.

제 5 장

축구의 기본 전술

1 공을 둘러싼 경쟁 200
2 개인 전술 204
3 그룹 전술 213
4 수비 전술 226
5 그룹 전술의 연습 241
6 팀(team) 전술 254
7 시스템(system) 272
8 아웃 오브 플레이로부터의 전술 292

1 공을 둘러싼 경쟁

1 3종류의 전술

축구의 기본 기술은 공을 자유로이 다루는 것이다. 일류 선수를 향한 첫걸음은 공에 익숙해지는 것이다.

그러나, 공에 익숙해지는 것으로만 축구를 잘할 수 있는 것은 아니다. 본격적인 축구를 하려면 자신과 공 외에 상대편이 있다. 즉, 축구는 공을 둘러싼 자기와 상대편의 경쟁인 것이다.

따라서, 시합을 하려면 공을 다루는 기술(테크닉)뿐 아니라, 상대방을 이길 수 있는 전술이 필요하다. 이러한 진퇴의 시작은 맨투맨(man-to-man), 즉 1대1의 대결에서 비롯된다. 누구든 1대1의 대결에서 상대방을 이길 수 있어야 한다.

다음은 가까이 있는 자기편과 연락을 취하면서 상대방의 공을 서로 뺏으려 한다. 뺏은 다음은 일단 상대방의 마크에서 벗어난 뒤라야만 패스를 하거나 슛을 할 수가 있다.

이상과 같은 과정은 그룹과 그룹의 경쟁이다. 정식 경기는 그룹끼리의 경쟁이 연합되어 11명 대 11명이 하나의 공을 둘러싸고 경쟁한다. 이것은 팀끼리의 경쟁이다.

책략이나 진퇴를 전술이라 말할 수 있다. 그러므로 축구의 전술은 다음 세 종류가 있다.

(1) 개인 전술
(2) 그룹 전술
(3) 팀 전술

그룹의 전술에는 팀 전술을 구성하기 위한 기본이 포함되어 있다. 또 개인 전술은 그룹으로, 혹은 팀과 연계된 한 사람 한 사람의 기본적인 지식이다. 즉, 축구에 대한 상식이라는 것이 포함되어 있다.

다시 말하면 '세 가지 전술'은 상호 깊은 연관 관계를 이루고 있는 것이다. 그런데, 기술과 전술 중 어느 것이 우선하느냐를 굳이 규정한다면 우선은 기술이 앞서야 한다. 기술 없이는 전술이 성립될 수 없기 때문이다.

2 전술의 2가지 포인트

　공을 잡았을 때 드리블을 하느냐, 자기편에게 패스를 하느냐의 판단도 하나의 전술인 것이다. 그러나, 축구 선수 모두가 기본이 되는 전술을 착실히 이해하고 그대로 실전에서 구사하고 있지는 못하다. 그러므로, 일류 선수가 되기 위해서는 기본 기술과 마찬가지로 전술의 기본을 바로 이해하고 익혀야 한다. 기본 전술의 중요한 포인트는 다음의 두 가지 점이다.

(1) 전원 공격, 전원 수비

　시합에서는 자기편이 공을 갖고 있을 때(공격)와 상대편이 공을 갖고 있을 때(수비)의 두 경우밖에 없다.

　상대편이 공을 갖고 있을 때는 전원이 수비에 참가하며, 자기편이 공을 갖고 있으면 전원이 공격의 일익을 담당한다. 물론, 포워드나 수비가 담당해야 할 위치에 따른 플레이가 있으나, 포워드도 수비에 가담해야 하며, 수비도 공을 뺏은 순간부터 공격을 개시해야 한다. 그러므로 기본 전술은 공수의 구별 없이 전원이 배워 알아 두어야 한다.

(2) 최후의 목적을 잊지 말 것

시합의 목적은 상대편 골에 공을 넣고 자기편 골에 공이 들어가지 않게 하는 데 있다. 상대편 수비를 멋지게 뚫고 들어가 슛하기 좋은 위치에 있는 자기편 선수에게 패스하면 곧 득점과 연결될 수 있는 것을 공연히 자기가 오래 갖고 있어 실패하는 경우가 있다.

자기편이 공을 계속 패스하여 압도적으로 우세하게 몰고 갔다 해도 문전에서 상대방 수비의 벽을 돌파하지 못하면 아무런 의미가 없다. 전술이란, 득점하며 실점을 막는다는 목적을 잊어서는 안 된다.

2 개인 전술

　공을 사이에 두고 상대방과 맞붙었을 때 그 두 선수는 각자의 팀에서 가장 중요한 존재가 된다.
　특히 이 경우의 각 선수는 상대 팀을 공략하는 데 있어서는 큰 원동력이 된다.

1 개인 전술의 기본

　개인 전술을 하나하나 예를 들어 설명하려면 수없이 많다. 그 중에서도 가장 기본적인 것에 대하여 알아보자.

(1) 먼저 보고 자기가 취할 행동을 정한다

　'상황 판단'이란 결코 어려운 것이 아니다. 항상 상대편과 자기편의 움직임을 보고 사전에 자기가 다음에 해야 할 것을 생각해 두는 것이 중요하다. 패스를 받은 순간에는 다음에 패스해 줄 자기편이 어디에 있는가를 알고 있어야 한다.
　트래핑을 할 경우에도 상대방의 위치를 모르

면, 어느 부분에서 트래핑해야 좋은지 판단하기 어렵다. 또한 공을 잡은 다음 어디로 패스할까 주위를 이리저리 살펴보는 것은 현대 축구에서는 모처럼의 기회를 놓치게 한다.

"먼저 보고 먼저 생각하라(Look before! Think before!)."는 것은 패스를 받을 때뿐 아니라 시합 중 항상 중요한 사항이다.

물론 시합 중에는 공의 움직임을 잠시라도 놓쳐서는 안 된다. 공이 있는 장소에 따라 자기의 위치를 정해야 하기 때문이다. 골 킥일 때 공에 등을 향한 자세 따위는 있을 수 없다.

또한 상대방이 공을 갖고 있을 때는, 자기가 마크하지 않으면 안 될 상대가 시합 중 어디에 있는가를 놓쳐서는 안 된다. 공과 마크 상대는 언제나 시야에 들어 있어야 한다.

그러나, 수비 때는 마크할 상대는 무시하고 수비에 들어가도록 한다. 만약 마크할 상대에게 공이 넘어갈 때는 곧 뺏어낼 준비 자세가 필요하다.

(2) 공을 기다리지 말 것

패스를 받을 때에는 반드시 공이 오는 방향을 향하여 나가면서 받는다. 그렇게 하지 않으

면 상대방이 돌진해 오면서 공을 가로챌 것이다. 즉, "공을 기다리지 말라(Don't wait the ball)."는 격언이 그것이다.

그러므로, 공이 자기 앞으로 올 때까지 기다릴 것이 아니라 직접 공이 있는 방향으로 다가가도록 한다.

(3) 신속한 컨트롤

공을 받으면 되도록 빨리 잡아서 다음 동작 태세를 갖춘다. 이렇게 하기 위해서는 절대 공을 땅에 바운드시켜서는 안 된다. 바운드되는 도중에 상대방이 달라붙을 것이다.

"공을 빨리 컨트롤하라(Quick ball control)." 와 "공을 바운드시키지 말라."는 말을 잊어선 안 된다.

특별한 경우 외에는 공을 받으면, 즉시 상대편 골 쪽을 향한다. 공을 정지시킬 때부터 상대편 골 쪽으로 태세를 취하도록 힘써서 상대편과 자기편의 움직임이 잘 보이도록 자세를 바로잡는다.

(4) 플레이가 끝나면 즉시 움직인다

패스가 끝나면(한 가지 플레이가 끝나면) 다

음 장소로 재빨리 움직이는 것이 중요하다. 그렇게 함으로써, 자기가 마크에서 벗어난 후 다시 패스를 받을 수 있다.

실전 중에는 항상 자기를 마크하는 상대편 선수가 있게 마련이다. 따라서, 패스를 받기 전에 자기를 마크하고 있는 상대에게서 벗어나, 조금이라도 자유로워질 필요가 있다.

그렇게 하려면 패스를 받기 전에 반드시 상대방의 의표를 찌르고 페인트를 써서 상대방을 떼어 놓고 빈 공간으로 달린다.

2 1대1에서 승리해야 한다

(1) 승부를 결정하는 것

한 경기 중에 상대편과 자기편이 1대1로 대결하는 장면이 100회 정도 있다고 하면, 그 중 51회를 이긴 편이 그 시합에 승리한다고 말한다.

이것은 축구 경기의 승부를 결정하는 것은 시스템(system)이나 포메이션(formation)보다 그 기본이 되는 단순한 1대1 대결에서의 승리에 있다는 것을 의미한다.

현대 축구에서는 맨투맨의 마크가 매우 심하

다. 더구나 수비에 치중하는 경향이 크므로 상대편의 공격 중심 선수를 두 사람이 마크하거나(더블 스토퍼 double stopper라고 함) 또는 수비수 뒤에 다시 한 사람의 최종 수비수를 두는(스위퍼 sweeper라고 함) 등 골 앞에서 공격하는 선수보다 수비하는 선수의 수가 더 많은 것이 일반적이다.

이렇게 튼튼하고 두터운 수비의 벽을 뚫으려면 자기편끼리의 패스만으로는 불가능하다. 어디서든 선수 중 누군가가 맨투맨 대결에서 상대방을 제쳐 놓고 수비의 균형을 무너뜨리는 돌파구를 만들어야 한다.

1대1 대결에서 승리하는 것은 모든 전술의 전제 조건이다.

(2) 상대방의 의도를 알아차린다

맨투맨에서 이기기 위한 조건은 이미 기본 기술의 각 항목에서 상세히 설명해 두었다.

① 드리블 항목에서는 자기의 몸을 상대방과 공 사이에 위치시킬 것을 설명했다. 이것은 개인 전술로서 중요한 것이다.

② 상대방의 공을 뺏는 항목에서는 숄더 차지(어깨로 어깨를 미는 것)를 설명하였다.

③ 페인트의 항목에서 언급된 것은 전부 1대1에서 승리하기 위한 기술이다.

이상 세 가지 외에도, 1대1에서 이기기 위한 요건이 몇 가지 있다. 이것은 결국 상대방의 역량과 의도를 간파하여 그 역을 찌르는 것이다.

▶ 스피드로 제친다

발이 빠르다는 것은 축구에서 대단히 유리한 조건이다. 축구 선수가 100m를 12초에 달리면 빠르다고 한다.

그러나, 그토록 빠르지 못해도 볼 컨트롤이 좋고, 타이밍 잡는 법을 잘 익히면 주력의 결점을 극복할 수 있다.

㉠ 타이밍(timing)

타이밍을 잘 잡는 일은 매우 중요하며, 승부를 결정지을 수도 있다.

예컨대 상대방이 다가올 때 갑자기 뒤쪽으로 공을 굴렸다가 제치고 나간다든가, 또는 상대방과 나란히 뛸 때 갑작스럽게 스피드를 줄이거나 상대방이 멈칫하는 순간 스피드를 내면 상대보다 발이 느려도 얼마든지 상대방을 따돌릴 수 있다.

ⓛ 페인트(feint)

타이밍을 만들기 위해 상대방을 꾀어내는 속임수, 즉 페인트를 쓴다. 옆으로 가거나 뒤로 밀어내는 척하면서 공을 앞으로 빼낸다.

ⓔ 대시(dash)

상대방을 제치기 위한 스피드는 100m의 주파 속도보다는 처음 10m의 주파 속도가 중요하다. 즉, 기회를 잘 보아 순간적으로 대시할 수 있어야 한다.

▶ **심리적 우위**

공격하는 쪽이나 수비하는 쪽이나 항상 마크하고 있는 상대와 심리적으로 겨루고 있다. 예를 들면, 100m를 11초에 뛰는 선수라면 상대방은 일단 위축이 되어 경계하고 후퇴하면서 수비를 하기 때문에 공을 쉽게 다룰 수 있는 이점이 있다.

또한, 시합 초반에 대시해서 공을 차지하려는 동작을 반복하게 되면 상대방은 '이 선수는 발이 빠르구나.'라고 생각하고 경계하여 섣불리 접근해 오지 않을 것이다.

▶ 기백으로 이긴다

1대1에서는 씨름이나 권투 경기의 대결과 같은 개인 경기와 흡사한 점이 있다. "절대로 지지 않는다."는 정신력이나 자신감은 웬만한 기술이나 스피드의 차를 극복할 수 있다.

이쪽의 기백에 눌린 상대방은 기술이나 스피드를 제대로 발휘할 수가 없게 된다. 그러므로, 항상 과감하게 상대방을 제치거나 적극적으로 공을 빼앗으려는 태도를 보여야 한다.

▶ 돌파하면 패스한다

한 사람을 돌파하면 누구에게든 패스하는 것이 원칙이다. 다음에 상대방이 없을 경우에는 드리블을 계속하게 되지만, 첫 번째 돌파가 성공했다고 해서 지나친 자신감을 가지고 계속 두 번, 세 번 상대방을 뚫고 나가려고 무리를 하면 안 된다. 한 사람을 제치게 되면 상대방이 들어오기 전에 정확히 패스하여 공격의 전환점을 확보하여 수비진을 무너뜨리는 것이 좋다.

▲ 1대1 플레이

3. 그룹 전술

축구의 진수는 두 사람 이상이 협동하여 경기를 전개해 나가는 데 있다. 공과 상대편만으로는 경기가 될 수 없다. 자기편이 있어야 비로소 경기를 할 수 있다. 자기편끼리 협동하는 방법이 그룹 전술이며, 팀 전술이다.

그룹 전술의 목적은 수적 우위, 즉 자기편 인원수가 상대편보다 더 많은 상황을 만들어 내는 데 있다. 물론 경기장 전체를 놓고 보면 양팀 모두 11명씩으로 구성되어 있으나, 공이 있는 지점에 양팀의 선수들이 몰려들었을 때 자기편의 수가 한 명이라도 더 많다면 확실히 경기를 유리하게 이끌어 나갈 수가 있다.

공격할 때는 마크되고 있지 않은 자기편에게 공을 계속해서 넘겨 주면서 마지막에는 골을 겨냥해야 한다.

수비를 할 경우에도 그룹의 전술은 매우 큰 역할을 한다. 예를 들면, 두 선수가 옆으로 나란히 서 있을 때, 그 사이로 공이 빠져 나가면 수비는 무너지고 만다. 그러나, 한 선수는 앞에 있고, 또 한 선수가 뒤에 처져 있다면 앞의 선수가 놓친 공을 뒤에서 차단할 수도 있다.

　수비의 전술은 후술하기로 하고, 여기서는 우선 공격할 때의 그룹 전술, 즉 패스부터 설명한다.

1 패스를 받는 움직임 - 공간으로 달린다

　패스를 받을 때는 마크를 벗어난 공간(空間), 즉 오픈 스페이스(open space)로 달려가야 한다. 오픈 스페이스란 상대편도 자기편도 없는 곳으로서, 공을 가지고 있는 자기편 선수로부터 패스의 방향이 되는 장소가 된다.

　다음 그림에서 A가 공을 가지고 있을 때, B가 빗금 친 부분에 있을 때 패스를 하면 안 된다. B는 B′, 즉 오픈 스페이스로 움직여 패스를 받아야 한다.

　또 비어 있는 장소(오픈 스페이스)는 언제나 자기로부터 가까운 곳에 알맞게 있을 수가 없다. 그

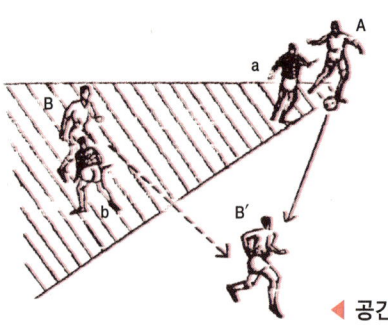

◀ 공간으로 달려가 패스를 받는다.

러므로 자기편의 다른 선수가 마크하고 있는 상대방을 끌어 냄으로써 오픈 스페이스를 만드는 전술도 필요하다.

비록 오픈 스페이스가 있더라도 그곳으로 뛰어들지 않는 편

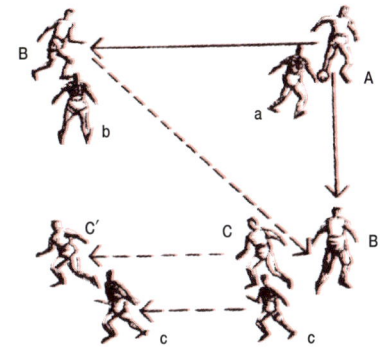

▲ C가 C′로 이동하여 c를 유도해 내고, B가 공간으로 달려간다.

이 좋은 경우도 있다. 예를 들면, 왼쪽에 주력이 좋은 선수가 있을 경우, 왼쪽 코너 부근의 오픈 스페이스에 뛰어들면 상대편을 자기편 진로에 끌어들이는 결과가 된다.

2 패스를 보낼 때는 신호를 보내지 않는다

"신호를 보내지 말라."는 것은 패스를 할 때는 상대편이 알아차리지 못하도록 해야 한다는 뜻이다. 가령 "이제부터 패스한다. 왼쪽에 있는 누가 받아라!" 하는 식으로 상대편도 알아듣도록 하는 따위의 동작을 하면 곤란하다.

이 밖에도 패스를 할 때 주의해야 할 점이 몇 가지 있다. 즉, 재빨리, 정확하게, 받기 좋은

공을 자기편에게 보내는 것이다.

(1) 패스하기 전에 페인트를 쓴다

패스 도중에 가로채기를 당하지 않으려면 이쪽의 의도가 드러나지 않도록 패스를 하기 전에 페인트를 써 상대방의 의표를 찔러야 한다.

(2) 여유를 잃기 전에 패스한다

자기편 선수가 패스를 받으려고 이미 오픈 스페이스로 뛰어들고 있는데, 공을 계속 가지고 있다가 상대방이 덤벼들 때 비로소 어쩔 수 없이 패스를 하는 것은 가장 좋지 않은 방법이다.

그때는 이미 패스를 받을 자기편 선수도 상대편에게 마크를 당하고 있을 것이다. 공을 오랫동안 가지고 있으면 기회를 만들기보다는 오히려 자기편의 리듬을 깨뜨리고 기회를 잃어버리는 경우가 많다.

상대방이 공을 뺏으려고 다가올 때는 먼저 상대를 제치는 것이 옳은 방법이다. 즉, 상대

▲ 삼각 패스

방이 앞으로 돌진해 오려고 할 때 재빨리 옆의 자기편에게 패스하고 앞으로 뛰어나가면, 상대방의 움직임에 허를 찌를 수 있을 뿐만 아니라, 상대방이 나온 그 자리를 오픈 스페이스로 이용할 수 있는 일석이조의 효과가 생긴다.

그러나, 이처럼 여유가 있을 때 패스를 하는 플레이는 상대방이 앞으로 나오도록 페인트를 쓰는 동시에 패스를 받아 줄 자기편과의 콤비네이션 플레이가 이루어지지 않는 한 어렵다.

(3) 자기편 선수가 나가는 방향으로 보낸다

패스를 받는 자기편 선수가 쉽게 받을 수 있도록 패스해야 한다. 그 선수가 방향을 바꾸지 않아도 받을 수 있도록 진행 방향의 앞쪽으로 공을 보내 주도록 한다.

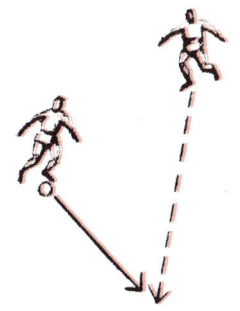
▲ 패스의 좋은 예

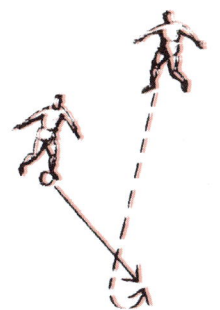
▲ 패스의 나쁜 예

3 패스하고 달린다(pass and go)

 패스를 하면, 그 발을 첫걸음으로 하여 다음 패스를 받을 동작으로 들어가야 한다.
 뛰는 방향은 결코 앞쪽만은 아니다. 경우에 따라서는 옆으로 혹은 뒤로 달리면서 패스를 받을 수도 있다.
 패스를 한 다음 다시 받기 위해 뛰어갔으나, 공이 자기에게로 되돌아오지 않더라도 헛수고는 아니다. 이쪽의 움직임에 따라 상대편 수비측이 이끌리기 때문에, 그만큼 자기편의 다른 선수에 대한 패스가 쉬워진다.

4 패스 연습은 실전에 맞게

 실전에서는 그대로 멈춘 채 공을 주고받는 경우가 거의 없다. 패스에는 반드시 움직이는 동작이 따른다.
 공의 방향도 앞쪽 뿐 아니라 옆이나 비스듬히 또는 뒤 등 여러 방향에서 오게 마련이다. 그러므로 패스의 연습은 항상 실전에 맞게 변화를 주어서 해야 한다.
 예를 들면, 패스를 보낸 그 발로 시작하여 4

~5걸음을 다음 목적 위치까지 돌진한 다음 다시 패스가 되돌아오면 천천히 속도를 늦추어 가며 공을 받아 정확한 패스를 한 다음 다시 돌진하다.

이상과 같은 패스 → 돌진 → 패스의 리듬이 습관화되도록 하기 위해서는 많은 연습이 필요하다.

왜냐하면, 실전에서는 단순한 패스라도 무한한 변화를 간직하고 있는 것이므로, 상대방의 행동이나 배치 상황, 자기편 선수의 움직임에 따라 공을 갖고 있는 선수도 임기 응변의 변화가 따라야 하기 때문이다.

(1) 발 밑으로 패스하면서 나간다

선수들이 나란히 뛰면서 공을 앞으로 비스듬히 뛰고 있는 선수의 앞쪽 발 밑으로 정확히 보낸다. 이어 그 발을 첫걸음으로 하여 대시하고 다시 패스를 받는다. 이런 패스를 '지그재그 패스(zigzag pass)'라고도 한다.

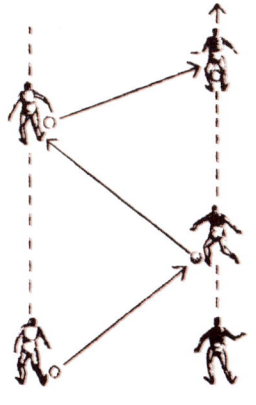

▲ 지그재그 패스

(2) 종·횡 패스

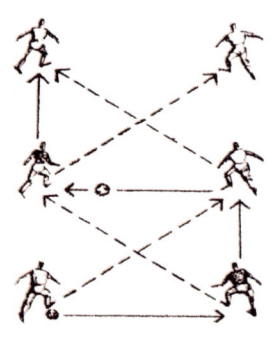

▲ 종횡 패스

공을 옆으로 패스하고, 비스듬히 앞으로 뛰고, 공을 받은 선수는 그 공을 정지시키지 않은 채 계속 세로로 패스하고 앞으로 비스듬히 뛰어간다. 되돌아올 때는 세로로 패스한 사람과 옆으로 패스한 사람을 교체한다.

(3) 직진 패스

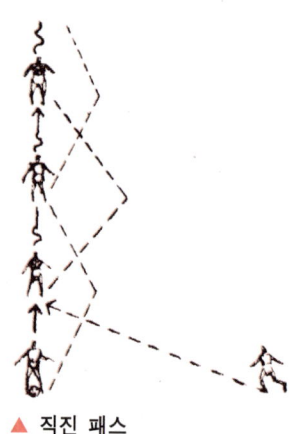

▲ 직진 패스

앞으로 뛰어든 자기편 선수에게 세로로 패스를 보내고 앞으로 비스듬히 대시한다. 5~6m 지점에서 방향을 바꾸어 공을 갖고 있는 선수 앞으로 뛰어들면서 패스를 받는다.

대시하여 방향을 바꾸는 것이 상대방을 피하는 동작의 연습이 된다. 이런 식의 패스를 '스트레이트 패스(straight pass)'라고 한다.

(4) 시저스 패스

시저스 패스(scissors pass)는 마치 가위 모양으로 움직이는 패스로 실전에서 많이 사용되는 패스이다.

비스듬히 앞으로 보낸 패스를 받는 사람이 가로질러서 받아 드리블한다.

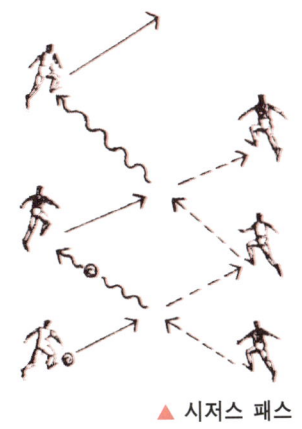

▲ 시저스 패스

▲ 패스를 받기 전에 상대방의 위치를 본다

5 패스의 콤비네이션

패스의 콤비네이션으로 자기편끼리 공을 보유하여 공격이 짜여진다.

공격의 우위를 확보하는 데는 패스를 보낼 만한 코스가 많으면 많을수록 상대편보다 유리하게 된다. 즉, 패스의 코스를 많이 만들수록 유리하다.

패스의 코스를 만들 때는 상대방의 영역 속으로 들어가지 말고, 오픈 스페이스로 뛰어들어야 하며, 또 자기편끼리 한 지점에 겹쳐 있지 않는 것이 중요하다. 〈그림 ①〉처럼 자기편끼리 겹쳐 있으면 패스의 코스가 하나밖에 없으나, 〈그림 ②〉와 같이 분산되어 있으면 어느 쪽으로든 패스할 수 있게 된다.

또한 흩어져 있으면 상대편의 수비도 역시 분산되기 때문에 한 사람이 상대편 한 선수를

▲ 그림 ①
자기편이 겹쳐 있으면 패스하기가 곤란하다

▲ 그림 ②
둔각으로 벌린다

제칠 수 있어 결정적으로 유리한 상황을 만들 수 있다.

6 삼각 패스 - 첫 번째 패스가 중요하다

패스 결합의 기본은 삼각 패스로, 이른바 '트라이앵글 패스(triangle pass)'이다. 그림과 같이 두 사람을 결합시켜, 마크하고 있는 상대방을 따돌리는 것이다. 이 삼각 패스와 그 변형만으로도 거의 모든 공격형이 만들어진다.

삼각 패스를 할 때 중요한 것은 첫 번째 패스가 나쁘면 두 번째 패스도 나쁘다는 점이다.

나쁜 패스를 보내고 좋은 패스가 오지 않는다고 불평하는 것은 잘못이다. 자기가 좋지 않은 패스를 보냈기 때문에 받을 때도 역시 좋지 않은 패스를 받게 되는 것이다. 그러나 좋은 패스를 보내면 역시 좋게 되돌아오기 마련이다.

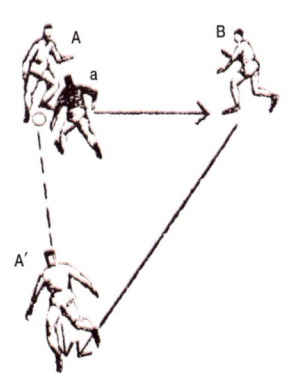

▲ 삼각 숏 패스

7 둔각으로 벌린다 - 전개의 기본

전개의 기본은 공을 갖고 있는 선수의 양쪽에 패스를 받을 자기편이 넓게 흩어져야 하는 것이다. 이 경우 A-B와 A-C의 각도는 아래 왼쪽 그림과 같이 둔각(90도 이상)을 이루고 있어야 한다.

아래 오른쪽 그림과 같이 예각을 이루고 있으면 수비하고 있는 상대방을 분산시킬 수가 없다. B와 C는 A를 마크하고 있는 상대방에게 패스의 방향이 가리워져 있는 상태가 되고 있다.

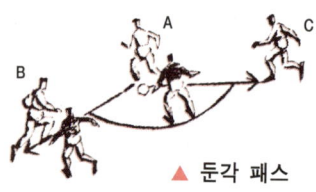
▲ 둔각 패스

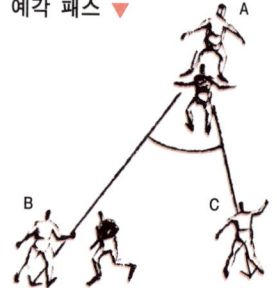
예각 패스 ▼

8 짧게 그리고 길게

패스로 공격을 하려면, 숏 패스(short pass)를 2~3회 주고받으면 롱 패스(long pass)를 하라는 원칙이 있다.

① 숏 패스를 연결해서 상대편 수비를 유인한

다음 다른 빈 곳으로 패스한다.
② 패스가 단조롭게 되는 것을 방지한다. 같은 템포의 패스를 여러 번 되풀이하면, 상대편이 다음 플레이를 쉽게 예측하게 되므로 좋지 않다.

 옆에서 숏 패스를 연결하다가 세로로 길게 패스한다. 또는 경기장 오른쪽에서 숏 패스를 하다가 반대로 롱 패스를 왼쪽 사이드로 보내는 방법 등을 익혀 두면 좋다.

 패스의 연결 방식에는 각 팀에 따라 저마다 특징이 있다. 우선 선수들의 기술과 체력에 따라 다르며 성격이나 습관에 따라서도 다르다.

 개인기가 뛰어난 남미의 선수들은 드리블 사이를 짧은 패스로 이어가는 경우가 많았으며, 체격과 체력이 뛰어난 영국 선수들은 공을 높이 띄워 공중 패스로 상대를 공략하는 특징이 있었다. 그런가 하면, 독일을 비롯한 유럽의 경우에는 숏 패스로 정확하게 연결하는 것이 주된 흐름이었다.

 이처럼 팀에 따라 스타일의 차이는 있으나, 어디까지나 숏 패스와 롱 패스를 결합시킬 필요가 있으며, 이렇게 함으로써 공격의 리듬을 변화시킬 수 있는 것이다.

4 수비 전술

1 마크 - 술래잡기의 술래가 된다

공격과 수비의 관계는 마치 어린이들의 술래잡기와 흡사하다. 자기편이 공을 갖고 있을 때 즉, 공격할 때는 상대방에서 되도록 떨어져 자유롭게 움직이려고 한다.

상대편에게 공을 빼앗겼을 때, 즉 자기편이 수비로 전환하였을 때는 자기가 술래가 되었을 때와 같이 이번에는 상대를 잡는 차례이다.

현대 축구에서는 거의 모든 경우에 저마다 마크해야 할 상대가 정해져 있다. 공격할 때는

▲ 얼굴을 들어 주위를 살핀다

그 상대를 피해야 하고, 수비를 할 때는 그 상대를 쫓아가 마크하지 않으면 안 된다. 그러므로 상대가 공을 가지고 있을 때, 그것을 직접 뺏으려고 하는 것은 당연한 일이지만, 설사 상대가 공을 가지고 있지 않더라도 공격 때와는 반대로 상대방을 자유로이 놓아 두지 말고 항상 마크를 해야 한다.

2 마크의 3원칙

　수비의 경우 마크 포지션을 취하는 법은 다음 세 가지 원칙에 의해 결정된다.
① 자기가 마크하고 있는 상대와 골의 중심을 연결하는 직선상에 위치를 잡는다.
② 자기가 마크하고 있는 상대와 공을 동시에 시야에 넣을 수 있는 곳에 자리 잡는다.
③ 자기가 마크하고 있는 상대에게 공이 넘어 갔을 때 뺏으러 갈 수 있는 거리에 자리 잡는다.

(1) 마크의 기본 ①

　〈그림 ①〉과 같이 공이 자기의 위치에서 멀리 떨어진 쪽, 즉 반대쪽 사이드에 있을 때는

▲ 그림 ① 마크의 기본

공과 상대를 동시에 볼 수 있도록 골 쪽으로 와 있지 않으면 안 된다. 공과 자기가 마크하고 있는 상대 사이에는 상당한 거리가 있으므로, 상대에게서 떨어져 있어도 패스가 되는 동안 거리를 좁힐 수 있다.

(2) 마크의 기본 ②

〈그림 ②〉와 같이 가까이에 공이 있을 때는 상대방에게 바짝 접근하여 마크해야 한다. 그렇게 하지 않으면 마크의 3원칙 중 세 번째의 원칙에 따라 상대에게 공이 패스되었을 때 뺏어낼 수가 없다.

또, 공이 가까이 있을 때는 상대에게 접근해도 상대와 공을 동시에 시야 속에 둘 수가 있다.

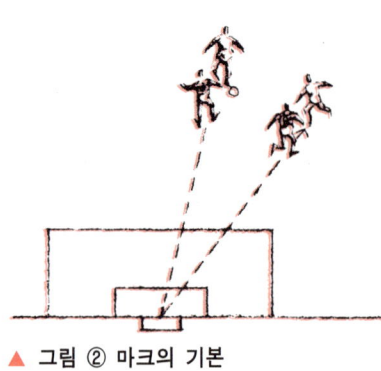
▲ 그림 ② 마크의 기본

어느 경우이든 상대와 골을 연결하는 선상에 위치하는 것에는 변함이 없다.

만약 공이 멀리 있는데도 상대에게 너무 접근하여 마크하고 있으면 오른쪽 그림의 나쁜 예와 같이 자기의 배후에 공간이 생겨, 상대편이 뛰어들기 쉽게 된다. 또한, 반대쪽 사이드에서 자기편이 뚫렸을 때, 이를 막기 위해 돌아설 수가 없다.

▲ 좋은 예 ②

▲ 나쁜 예 ①

반대로 공이 가까이 있는데도 상대와 떨어져 있으면 패스를 보내 왔을 때 뺏으러 갈 수 없을 뿐더러 상대를 자유로이 움직이게 한다.

마크의 3원칙은 수비의 위치를 잡는 기본적인 방법이다.

상대와의 거리를 몇 m 정도로 잡으면 좋은가는 한 마디로 단정할 수 없다. 자기와 상대방이 공을 다루는 기술이나 스피드에 따라 각기 달라지기 때문이다.

또 작전에 따라 특별한 마크 방법을 다르게

하는 수도 있다. 예를 들면, 상대 팀에서 특히 뛰어난 선수에게 1명을 전속으로 붙여 항상 그 선수가 어디로 이동하거나 악착같이 따라붙게 하는 경우가 있다.

또, 특정한 마크 상대를 갖지 않은 스위퍼 (sweeper : 예비 수비수)를 둘 경우에는 다른 수비수들이 각각 상대에게 접근해서 마크하는 것이 플레이의 기본이다.

그러나 이러한 경우에도 상대에게 비교적 가깝게 접근해야 하며, 기본적인 주의 사항은 마크의 3원칙이 지켜져야 한다는 것이다.

3 합세하여 수비한다

수비의 목적은 득점을 허용하지 않는 데 있다. 그러므로, 절대 소극적이어서는 안 되며, 적극적으로 상대편 공을 뺏는 것을 목적으로 해야 한다.

그렇다고 무턱대고 달려들어 공을 뺏는 것은 아니다. 우선 공을 뺏으러 가는 타이밍이 맞아야 하는데 이에는 다음 3가지가 있다.

① 패스 도중에서 뺏는다(인터셉트 intercept).
② 패스하는 순간을 노려 태클한다.

③ 1대1 대결에서 알맞은 간격으로 좁히면서 태클의 기회를 노린다.

 이상과 같은 수비는 한 사람의 기술만으로 되는 것이 아니라, 자기편끼리 서로 협력할 필요가 있다. 상대편이 두 사람 또는 그 이상으로 공격해 들어오면 자기편도 두 사람 또는 그 이상의 숫자로 협동하여 수비하지 않으면 상대편의 한 번의 패스로 위기에 처하게 된다.

(1) 원사이드 컷(oneside cut)

 1대1의 대결에서 수비하는 몸가짐은 상대를 골로부터 먼 곳으로 쫓아내는 태세를 취하여, 상대가 패스를 보낼 수 있는 방향을 제한하는 방법을 써야 한다. 이러한 형태를 원사이드 컷 (oneside cut)이라고도 한다.

 〈그림 ①〉과 같이 공을 가지고 있는 A는 B와 C로 패스할 수 있다. A를 마크하고 있는 a가 A의 정중앙에 지키고 선 자세로 수비하면, A는 B나 C에게 패스를 할 수 있게 된다.

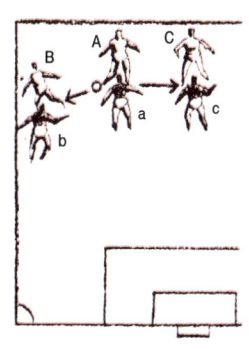

▲ 그림 ① 원사이드 컷의 나쁜 예

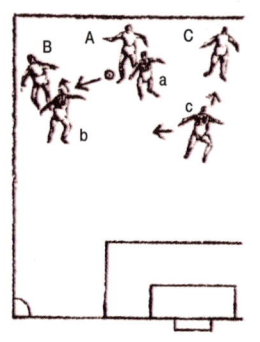

▲ 그림 ② 원사이드 컷의 좋은 예

그러므로 〈그림 ②〉와 같이 a는 비스듬한 자세를 취하고 C로의 패스 코스를 막아 B에게만 패스할 수 있도록 숨통을 터 준다. 즉, 일방 통행만으로 제한한다(좋은 수비의 예).

(2) 유도하여 뺏는다

원사이드 컷은 상대를 불리한 방향으로 몰아 붙이는 형태의 수비이다.

따라서 상대방을 몰아붙이는 방향은 자기편의 골로부터 먼 쪽, 즉 터치라인 쪽이라든가 자기편의 또다른 수비수가 있는 방향을 설정해야 한다.

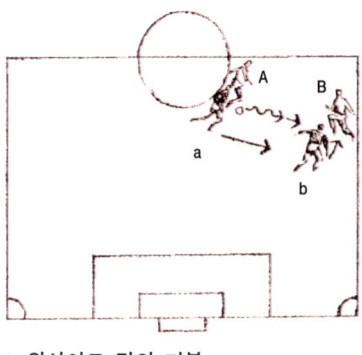

▲ 원사이드 컷의 기본

또, 수비의 방법 가운데 하나는 상대로 하여금 스루 패스(through pass, 상대편 선수 사이를 뚫는 패스)를 할 수 없도록 몰아붙이는 일이며 그런 형태가 될 수 있도록 몰아붙여야 한다.

그림에서 A가 공을 갖고 있는 경우 a는 스루 패스를 당하지 않도록 주의하면서 A를 터치라인 쪽으로 몰아넣는다. 그렇게 되면 B에게 패스할 수밖에 없게 된다.

A가 어쩔 수 없이 B에게 패스하는 것을 b가 노리고 있다가 도중에서 빼앗든가 아니면 패스가 넘어간 순간에 태클을 하도록 한다.

이때 b는 뒤로 패스가 넘어감으로써 B에게 뚫리지 않도록 B와의 간격을 잡는 데 주의해야 한다.

자기편의 인원수가 적을 경우, 예를 들면, 3대2의 상황일 때는 앞서 말한 대로 한쪽의 패스 방향을 막아 자기편이 있는 쪽으로 패스를 보내도록 유도한다.

4 패인은 분업(分業)에서

누차 지적하는 바와 같이, 수비의 목적은 무엇보다도 우선 자기편 골을 지키고, 득점을 주지 않고, 다음은 상대방으로부터 공을 빼어 내는 것이다.

이 점은 잘 알고 있는 듯하면서도 의외로 정

확하게 이해되고 있지 않은 부분이다.

　예를 들면, 자기가 마크하고 있는 상대에게 뚫리지만 않으면 반대쪽 사이드에서 뚫려 득점에 연결되었다고 해도 그것은 자기의 책임이 아니라고 생각하는 선수가 있다면 이것은 큰 잘못이다.

　점수를 허용하지 않는 것이 수비의 최우선의 목적이며 자기가 담당한 상대를 마크하는 것은, 그 수단에 지나지 않는다. 따라서, 실점의 우려가 있을 때는 자기의 마크 상대를 버리더라도 골을 노리고 있는 다른 상대방을 방어해야 한다. 목적을 잊어버린 분업적 플레이는 패인의 원인이 된다.

　한 사람이 뚫리면 가까이 있는 자기편이 자기의 마크 상대를 버리더라도 공을 갖고 있는 상대를 막기 위해 곧 상대로 향한다. 이 선수가 마크하고 있던 상대는 또 그 가까이에 있는 자기편 선수가 따라붙어 마크한다. 이처럼 마크의 순번을 바꾸어 가면 결국 공에서 가장 멀리 있는 상대편 선수만 남게 된다.

　공을 갖고 있는 상대가 가장 위험하며, 공에 가까운 선수가 다음으로 위험하고, 공에서 먼 선수는 비교적 위험하지 않으므로, 이러한 공으로의 대시와 마크의 교체는 당연한 것이다.

이 경우, 중요한 것은 수비하는 전원이 가장 알맞은 타이밍을 판단하여 행동으로 옮기는 데 있다.

한 사람이 뚫려 상대편 인원수가 많아졌을 때는 혼자서 두 명의 상대를 마크하지 않으면 안 될 장면이 연출된다. 그러한 때에는 후술하는 좋은 수비가 필요하게 된다.

5 지역 수비와 대인 방어

수비 방법은 크게 두 가지로 나눌 수 있다.

존 디펜스(zone defence, 지역 수비)와 맨투맨 디펜스(man-to-man defence, 대인 방어)이다.

지역 수비는 한 사람이 일정한 지역을 담당하여 그 지역에 들어온 상대편을 방어하는 수비이다.

한편 대인 방어에서는 한 사람이 특정한 상대를 마크하여 그 상대가 가는 곳을 쫓아다니며

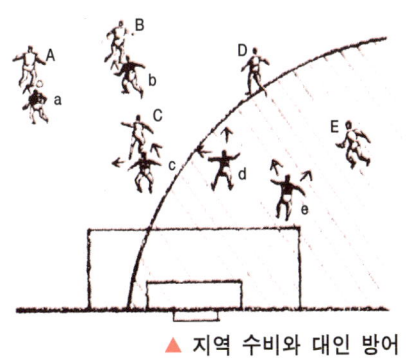

▲ 지역 수비와 대인 방어

수비하는 것이다.

축구의 수비 원칙은 공 가까이에선 대인 방어, 공과 먼 곳에서는 지역 방어인 것이다.

앞의 그림에서 공격측의 A, B, C, D, E에 수비측의 a, b, c, d, e가 각기 수비하고 있는데, 공을 갖고 있는 A에 대한 a는 접근하여 공을 뺏으려 하고 있으며, 가까이 있는 B에 대하여 b도 패스가 되면 곧 차단해 가려고 접근하여 대기하고 있다.

그러나, 공에서 먼 쪽의 d와 e는 공을 포함한 빗금 지역 전체를 수비한다는 마음으로, 그 지역 내로 들어오는 상대방 전부에 대비하지 않으면 안 된다.

(1) 문을 만들지 말 것

실제로 이 맨투맨과 존의 겸용이라는 수비 형태는 앞서 말한 마크의 3원칙 중에 포함되어 있는 내용과 같은 것이다.

"문이 되지 말라."라는 말도 이와 똑같은 상황을 의미하는 것이다.

문이 되지 말라는 것은 수비가 마치 문과 같이 두 사람이 양쪽에 나란히(그림 ①) 골 라인에 평행하게 서 있으면 안 된다는 의미로, 이

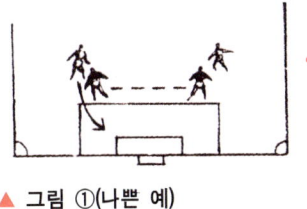
▲ 그림 ①(나쁜 예)
  문 모양이 되는 형

▲ 그림 ②(좋은 예)

와 같은 상황일 때는 한 사람이 뚫리면 다른 한 사람이 커버할 수가 없는 것이다.

〈그림 ②〉와 같이 공에서 먼 쪽의 수비수는 상대에게 비스듬히 처져서 자기편이 뚫렸을 때 커버할 수 있도록 하는 것이다.

(2) 지역 방어 형태로 수비하는 경우

1) 골 앞에 밀집해 있을 때

지역 수비는 상대의 공격을 받고 골 앞에 좁은 지역을 수비해야 할 때 중요하게 된다.

골 앞의 좁은 곳에서 상대편이 위치를 바꾸거나 삼각 패스를 구사하

▲ 골 앞에 밀집해 있을 때

여 골을 노릴 때는 맨투맨으로 상대를 마크할 여유가 없다.

그러한 장면에서는 자기에게 가까운 상대를 마크하고, 또 공에 가까운 선수가 곧 뺏으러 나가야 한다.

개인기가 뛰어난 남미의 축구에는 중간 지역은 어느 정도 소홀히 하더라도 골 부근에서 페널티 에어리어 바로 바깥쪽 지역을 주로 수비하는 팀이 많다. 그러한 팀은 지역 수비가 능숙하다.

농구에서 지역 방어가 잘 사용되는 것은 좁은 지역에 밀집해서 수비하기 때문이다.

2) 인원수가 적을 때

공격측의 인원수가 수비측보다 많은 경우, 즉 2대1이나 3대1이 되었을 때는 맨투맨에서는 공격측의 한 사람이 여유가 있어, 그쪽으로 공을 보내기 때문에 수비하기가 어렵다. 그러한 경우에는 당연히 지역 수비로 대처해야 한다.

2대1의 경우에는 공을 갖고 있는 상

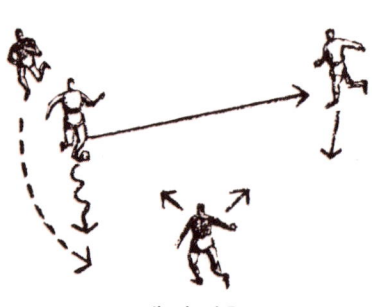
▲ 2대1의 경우

대에 대해 다른 선수에게 패스를 보내기 어렵도록 제약하면서 수비한다. 그리고 공이 패스되면 그 공을 잡은 선수에 대해 같은 방법으로 수

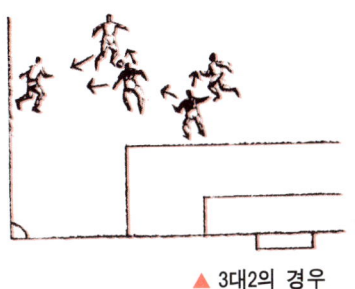
▲ 3대2의 경우

비한다. 이처럼 두 사람의 상대 사이를 오가며 지킴으로써 자기편이 돌아오는 시간을 번다.

3대2의 경우에는 공을 갖고 있는 상대에게 한 사람이 패스 방향을 한쪽으로 봉쇄하면서, 자기편 골에서 가장 먼 바깥쪽의 상대에게 패스를 보내도록 수비한다.

6 수비는 공격의 출발

공격은 자기편이 공을 뺏은 순간에서부터 시작된다. 그러므로 골키퍼는 첫 공격수이며, 수비는 공격의 시작인 것이다. 수비에서 공격으로 전환할 때, 특히 중요한 점을 들면 다음과 같다.

(1) 속공

상대편이 수비를 공고히 하기 전에 공략한다.

(2) 터치라인을 따라

수비 지역에서의 패스는 바깥쪽으로 보낼 것. 자기 진영의 골보다 멀리 보내는 것은 위험을 피하는 동시에 상대방의 허술한 곳에서 플레이를 전개시키는 데도 중요하다. 자기편 문전을 가로지르는 따위의 패스는 삼가야 한다.

수비 지역에서의 패스는 터치라인을 따라 패스하는 것이 가장 좋다.

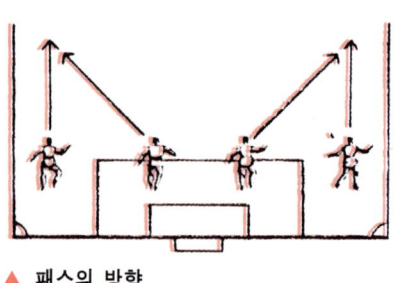
▲ 패스의 방향

(3) 무익한 드리블은 피한다

수비 지역에서는 불필요한 드리블을 하지 말 것.

공을 뺏으면 되도록 빨리 전방의 자기편에게 패스한다. 공을 곧 패스하는 것보다 드리블을 하면 체력이 더욱 소모된다. 클리어링한 공이 그대로 자기편에게 패스되면 더욱 좋다.

5  그룹 전술의 연습

1 코치의 역할

그룹 전술도 책을 읽거나 그림 설명으로 습득하는 것보다 몸으로 직접 익혀야 한다. 그러기 위한 그룹 연습에는 여러 가지 방법이 있다.

그 중 어떤 형식의 연습 방법을 선택하여 어떻게 결합시킬 것인가를 결정하는 것이 바로 코치의 역할이다.

또, 코치는 선수들을 되풀이해서 연습시키는 일 외에 선수 개개인이 연습의 목적과 의미를 충분히 이해하도록 납득시켜야 한다. 수학에서 계산 연습만 되풀이해 보았자 응용 문제를 풀 수 없듯이, 연습의 형식만으로는 실전에서 천차 만별의 상황에 따라 자기 나름의 판단으로 응용하기란 결코 쉬운 일이 아니다.

그룹 연습은 하나의 연습에 여러 가지 목적을 겸용하고 있다. 첫째로, 공을 다루는 이상 모든 기본 기술의 응용 연습이 된다. 둘째로, 공을 가진 쪽은 공격의 전술 연습이 되고, 빼앗으러 드는 쪽은 수비의 전술 연습이 된다. 예를 들면, 4대2 형식의 연습에서는 패스하고 달리기, 패스를 받기 위하여 올바른 위치 잡기 등의 연습이 되고, 반면 수비측에서 보면 태클, 대인 방어와 지역 수비를 겸한 수비 등 여러 가지 상황의 연습이 된다.

이러한 연습 형식의 결합 방법에 따라 인터벌 트레이닝을 겸할 수도 있다. 그런가 하면, 하나의 연습 방법을 목적에 따라 몇 가지 제한 아래 실시할 수도 있다.

일정한 좁은 지역 안에서 연습하도록 제한하면 볼 컨트롤의 정확도, 페인트의 신속성, 패스 앤드 고 등의 기술을 연마하는 데 좋은 역할을 한다.

또, 다음과 같이 공 접촉의 횟수를 제한하여 연습하기도 한다.

① 공에 접촉하는 것을 1회로 하고 전부 직접 패스한다.
② 공 접촉을 2회로 제한하고, 1회째에는 트래핑, 2회째에는 패스한다.
③ 드리블을 포함시켜 보통 경기를 하듯이 해 본다.

공 접촉의 횟수를 제한하면, 아무래도 터치

직전에 주위를 둘러보게 되어 상황 판단력이 향상될 뿐 아니라 공을 받는 동작도 신속해진다.

다음에 열거하는 그룹 연습의 예는 실전에서 실제로 많이 사용되는 것을 골랐다.

2 수비자가 없는 연습 : 4인 1조

(1) 패스된 공을 쫓아가 주위를 잘 살펴본 다음, 공을 1회 정지시키고 나서 패스한다. 패스한 뒤에는 원래 위치로 재빨리 돌아온다.

(2) 공을 쫓아가 패스한 뒤, 패스를 넘겨 준 상태의 위치로 달려간다.

(3) 위의 (1)과 (2)의 플레이를 공을 멈추지 않고 계속한다.

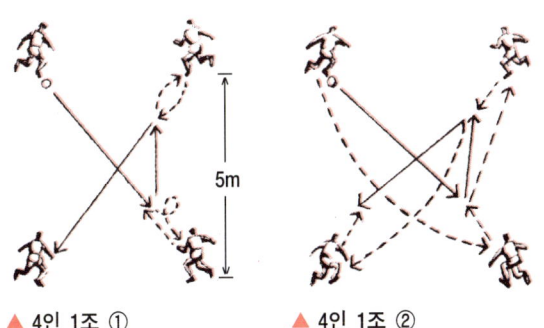

▲ 4인 1조 ①　　▲ 4인 1조 ②

3 1대1

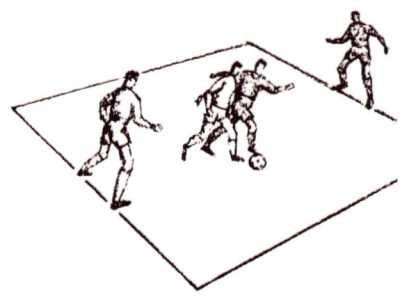

▲ 2명이 1대1

서로 하나의 공을 빼앗으려 한다.

(1) 골 없이 행한다.

(2) 양다리를 2보 간격으로 벌리고 서서 그 사이를 골로 한다. 4인 1조로 하되, 2명은 골이 되고 2명은 1대1로 대결한다. 1분마다 서로의 역할을 교대한다.

4 2대1(삼각 패스)

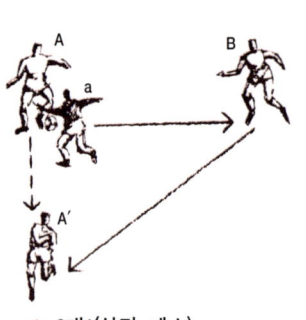

▲ 2대1(삼각 패스)

(1) 기본 동작을 습득시키기 위해, B는 선 채로 공을 받아 직접 패스로 정확하게 공을 돌려보낸다. 그러면, 수비측의 a는 방해하지 말고 지키는 자세만을 취한다.

(2) 삼각 패스를 움직이면서 한다. B는 A로부터

의 패스를 받기 쉽게 움직이고, 공을 잡으면 스루 패스로 보낸다. 수비측의 a는 방해를 한다.

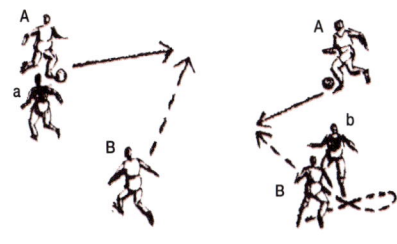

▲ 2대1(패스의 기본)

5 2대1(볼 키핑)

두 사람이 움직이면서 공을 패스하고, 한 사람이 그것을 뺏으려고 한다. 사방 6m의 지역 안으로 제한해서 하는 것이 좋다.

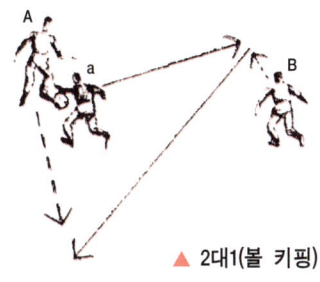

▲ 2대1(볼 키핑)

(1) 직접 패스만으로 공을 키핑한다.
(2) 드리블과 패스를 섞어 가면서 한다.
(3) 두 사람 사이의 간격을 약 3m로 정하고 패스의 거리를 넓히지 않고 연습한다.

6 2대2

두 사람씩 팀을 만들어 공을 서로 뺏는다. 사방이 8~10m 정도의 지역 안에서 행한다.
(1) 골 없이 서로 공을 뺏는다(1분 하고 1분

▲ 2대2

쉰다). 어느 편이 오랫동안 공을 지니고 있는가?(1분 하고 1분 쉰다.)

(2) 골을 만들어서 한다. 사람이 양다리를 벌려 골을 만들고 다른 2명이 바깥쪽에 서서 예비 공을 가지고 있다가 공이 오면 재빨리 넣어 준다. 1분이 지나면, 골의 역할을 했던 2명과 바깥의 2명이 안의 2명과 교대한다.

7 3대1

공을 가지고 있는 사람에 대하여 둔각으로 벌리도록 하고 전개한다.

(1) 공을 멈추고 드리블했다가 패스해도 좋다(보통 방법).

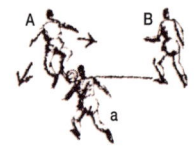

◀ A가 공을 가지고 있으면 B, C는 패스를 받기 위해 움직인다.

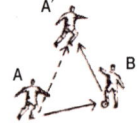

▶ 공이 B에게 넘어가면 A, C는 패스를 받기 위해 움직인다.

(2) 공의 접촉 횟수를 2회 이내로 제한한다.
　(3) 공의 접촉 횟수를 1회만(다이렉트)으로 제한한다.

8 3대2

　골 없이 대충 사방 20m 넓이의 지역에서 행한다. 3명이 공을 키프하고, 2명은 공을 뺏는다. 공격측은 자유로운 위치에 있는 자기편을 잘 이용하고, 수비하는 쪽은 자유로운 위치에 있는 상대를 적극 수비한다.

9 3대3의 게임

　3보 너비의 골을 만들고, 페널티 에어리어 정도의 지역 안에서 한다. 골키퍼, 코너 킥, 오프사이드는 없다. 골은 공이나 다른 물건 등을 나란히 놓아 만들며, 그 사이를 굴러 통과하면 득점이 된다.

10 3대3 플러스 1

　3명이 1조가 되어 각기 마크 상대를 정하고,

서로 공을 빼앗는다. 어느 조에도 속하지 않은 1명은 언제나 공을 지닌 공격측에 가담한다. 즉, 4대3으로 행하는데, 페널티 에어리어의 크기 지역 내에서 행한다.

11 4대2

4명이 공을 키프한다. 2명이 협력하여 공을 빼앗으러 간다. 페널티 에어리어 반 정도의 크기에서 행한다.

(1) 먼저 위치 잡는 방법부터 익힌다. 공을

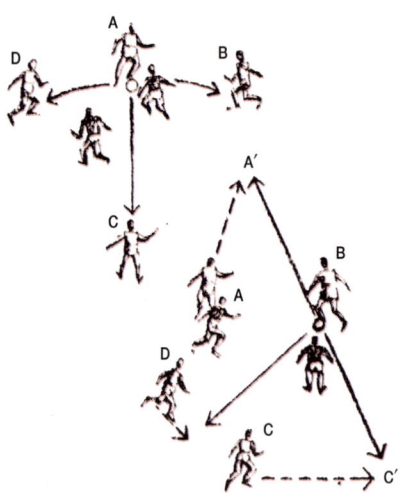

▲ A로부터 B에게 패스가 넘어 가면 A, C, D 는 패스를 받기 좋은 위치로 움직인다.

가진 사람의 양쪽에 자기편이 벌려 자리 잡고, 상대편 2명이 버틴 중간으로 네 번째 사람이 움직인다. 수비수 2명이 골처럼 나란히 서는 형태가 되도록 몰아붙이며, 그 2명 사이를 통하는 스루 패스를 노리는 모양이 된다. 패스할 때마다 똑같은 형태가 되도록 최단 거리로 움직인다.

(2) 공의 접촉 횟수를 1인 2회로 제한한다.

(3) 직접 패스로 행한다.

(4) 2조의 4대2를 만든다. 사방 30m 정도의 지역 내에서 4명이 공을 키프하고, 다른 2명은 공을 빼앗는다. 같은 방식으로 20m 거리를 두고 2조로 행한다. 수비측 사람이 공을 뺏으면 다른 조에게 롱 패스로 보내고 롱 패스를 받은 그룹이 4대2의 대결을 시작한다. 그러는 동안 공이 없는 조는 휴식을 취한다.

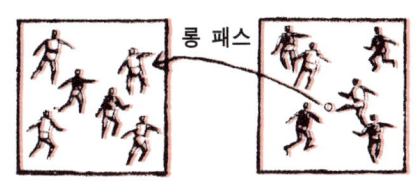

12 4대4

경기장의 4분의 1 크기 정도의 공간에서 4대

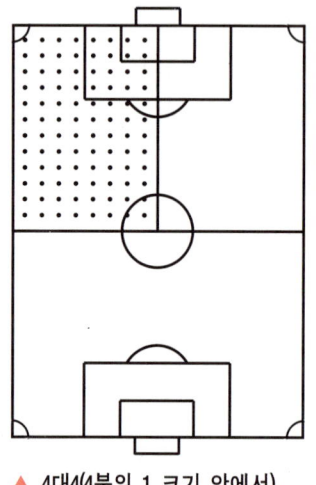

▲ 4대4(4분의 1 크기 안에서)

4로 경기를 한다. 골은 3보 너비로 만든다. 골키퍼, 코너 킥, 오프사이드는 없다.

(1) 드리블을 섞어서 보통 경기를 하듯이 한다.

(2) 공 접촉의 횟수를 2회로 제한한다. 정지시킨 후 곧 다음 패스를 한다.

(3) 공 접촉의 횟수를 1회로 제한하여 직접 패스만으로 한다.

이상의 3종류를 각 5분씩 한다.

13 5대5

경기장의 약 3분의 1 크기에서 한다.
(1) 골 없이 공을 서로 키프한다.
(2) 골(약 5보 너비)을 2개 만들고, 골키퍼를 정하고 한다.

패스하면 달리고, 패스하면 달리는 연속이 되므로, 패스 앤드 고의 연습으로 안성맞춤이다. 패스를 보낸 뒤 받을 사람의 위치로 달려 들어가지 않도록 주의한다.

14 5대5 플러스 1

플러스 1에 해당하는 사람은 자유롭게(마크 없이) 항상 공을 가진 공격측에 가담하여, 반드시 직접 패스를 보낸다. 이것은 게임 메이커를 위한 좋은 연습 방법이 된다. 플러스 1에 해당하는 사람도 움직이면서 플레이하도록 한다. 자유로운 위치에 있는 사람이 어디에 있는가를 모두가 항상 기억하고 있지 않으면 안 된다.

15 6대6

경기장의 2분의 1을 사용한다.
(1) 골 없이 공을 서로 키프한다.
(2) 골 2개(3보 너비)를 만들어 한다. 골키퍼, 오프사이드는 없다.
(3) 골 4개(3보 너비)를 사용한다.

양팀이 2개씩 지킨다. 그러므로 한쪽 골만을 노리지 말고 허술한 쪽

▲ 6대6

을 노리는 것이 좋다. 전체의 상황을 파악하면서 전개하는 연습이 된다. 특히, 시합 전날 워밍업으로 이용해도 좋다(5대5에서도 골 4개의 연습을 할 수 있다).

이상의 연습을 공 접촉 횟수를 2회 이하 또는 직접 패스만으로 제한하여 실시한다.

16 하프 매치(half match)

경기장의 반을 사용하여 골키퍼를 포함시켜 연습한다. 4명(또는 5명)이 공격하고 다른 4명(5명)이 수비한다. 공격측은 2명의 중앙 플레이어가 하프 라인 밖에 있고, 수비측이 빼앗은 공을 받아 다시 공격측에 패스를 공급한다.

▲ 하프 매치
중반 플레이어인 2명은 하프웨이 라인에서 나가지 않는다. 수비측은 공을 뺏으면 이 2명에게 패스하고, 2명은 되도록 다이렉트로 공격측에 패스한다.

17 8대8의 경기

경기장 전면을 사용한다.

골키퍼 1명, 풀백 3명, 하프백 1명, 포워드 3명의 2개 팀으로 한다.

(1) 보통의 경기를 한다.
(2) 공 접촉을 2회 이내로 제한한다.

정식 경기에서는 숏 패스를 많이 사용한다. 그러나 8대8의 경우와 같이 인원수가 줄어들면 자기편끼리의 간격이 멀어져 장거리 또는 중거리 패스를 주로 구사해야 한다. 따라서 재빨리 진영을 넓게 펼치는 연습이 되고, 1인당 움직이는 범위가 넓어져 체력을 기르는 데도 큰 효과가 있다.

6. 팀(team) 전술

1 승리하기 위한 집단 전술

 공을 자유 자재로 다루기 위한 기본 기술을 설명하였고, 이어 그 기술을 시합에서 구사하기 위한 개인 전술과 그룹 전술에 대해 기술하였다.
 다음은 팀 전술에 대하여 설명할 차례이다.
 기술을 살려 전술을 세우고, 개인 전술을 결합하여 그룹 전술을 구성한다. 그 그룹 전술의 결합에 따라 만들 수 있는 것이 바로 팀 전술이다. 팀 전술이란 집단 전술로서, 결국 어떻게 하여 시합을 승리로 이끌 수 있는가 하는 방법인 것이다.
 기본 기술도 개인 전술도 그룹 전술도 각기 '시합을 하는 것'과 분리시켜 생각할 수 없다. 따라서 팀 전술이라 하여 특별히 색다른 내용을 다루게 되는 것은 아니다.
 따라서 여기서는 팀 전술이란 실제 시합을 하는 경우에 필요한 상식으로서, 이제까지 서술한 것을 정리하면서, 시합을 할 때의 선수의

기본적인 배치인 시스템에 관한 설명과 또 몇 가지 특수한 전법에 대하여 실전에서 효과적으로 구사할 수 있는 것을 골라 설명하기로 한다.

팀(또는 집단) 전술을 익히기 위해 다음 사항을 다시 강조해 둔다.

(1) 두 가지 상황(공격과 수비)

시합 중에는 두 가지 상황밖에 없다. 그 중 하나는 자기편이 공을 가지고 있을 때로 이것은 공격 상황이다. 다른 하나는 상대편이 공을 가지고 있을 때로, 즉 수비 상황이다.

공격 상황에서는 11명의 선수가 전원이 협력하여 공을 점유하여 득점을 올리도록 노력하지 않으면 안 된다. 반대로 수비를 해야 하는 상황에서는 11명의 선수 전원이 협력하여 실점을 막고 공을 빼앗아 공격 상황으로 전환하도록 노력해야 한다. 이것이 바로 팀 전술이다.

(2) 3개의 지역(후방, 중앙, 전방)

팀 전술을 결합시키는 경우에 경기장을 3개 지역으로 나누어 생각하면 좋다.

공격 방향, 즉 상대편 골을 향하여 자기편에

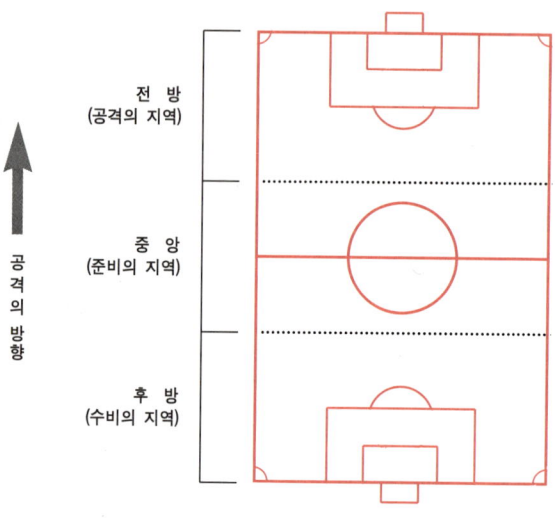

▲ 그라운드의 3개의 지역

가까운 3분의 1 지역을 '후방'이라고 한다. 여기는 주로 상대편이 가지고 있는 공을 빼앗아 되돌려 줌으로써 자기편의 공격을 시작하는 '수비의 지역'이다.

중앙의 3분의 1은 '중앙', 즉 미드필드이다. 여기는 공격을 결합하는 '준비의 지역'이며, 또한 수비 상황에서는 상대편이 공격을 시작하는 것을 방해하고, 후방에서 수비 태세를 갖추도록 준비시키는 지역이 된다.

상대편 골에 가까운 3분의 1은 자기편의 공격의 '전방'으로써, 득점을 하기 위한 '공격의 지역'이다. 여기는 상대편에 있어서는 공격을 시작하는 지역이므로, 여기서 상대편에게 공을 빼앗기면 재빨리 수비 태세가 시작되어야 한다. 이 지역은 서로간에 공수의 전환점이 되므로 장소나 사람을 불문하고 상대편에게 공이 넘어간 순간부터 수비가 시작되고 반대로 상대편으로부터 공을 뺏은 순간에 공격이 시작되는 지역이다.

(3) 선수의 위치

축구에서는 골키퍼를 제외하고는 선수의 위치는 규칙으로 특별히 정해져 있지 않다.

한 팀의 11명 선수 중 골키퍼 한 사람만 자기 진영의 페널티 에어리어 안에서는 손으로 공을 다룰 수 있다. 그 밖의 선수들은 누구나 경기장 안의 어느 위치에 가서 플레이해도 된다. 골키퍼도 손을 사용하지 않으면 다른 선수와 마찬가지로 경기장 안의 어느 지점으로 가든지 상관없다.

그러나 팀 전술을 결합하는 데 편의상 11명 선수에게 제각기 위치에 따라 호칭을 붙이고 있다.

위치의 호칭은 경기 규칙에 정해져 있는 것

도 아니고 일반적으로 반드시 통일되어 있지도 않다. 여러 가지 호칭이 서로 어울려 사용되고 있는 것이다.

대략적으로 말하면, 앞서 말한 경기장의 3개 지역에 따라 골키퍼 이외의 선수들 위치를 다음 3개의 라인으로 나눌 수 있다.

- 전방(포워드) 또는 공격 라인
- 중앙(미드필드) 또는 하프 라인
- 후방(백) 또는 수비(디펜스) 라인

두말 할 나위 없으나, 전방의 선수라 할지라도 앞쪽에서만 플레이하는 것이 아니다. 주로 플레이하는 지역에 따라 편의상 나누었을 뿐, 전방의 선수가 후방으로 뒤쳐져서 경기하는 경우도 많다.

하나하나의 위치의 호칭은, 후술하는 시스템의 종류에 따라 달라지므로 여기서는 2팀으로 보기만을 표시한다.

한 라인 안에서는 오른쪽, 중앙, 왼쪽으로 나누는데, 이것은 상대편 골을 향해 공격하는 모양으로, 좌우를 생각하면 된다.

▼ 포지션 호칭의 일례 1 : WM 포메이션의 경우

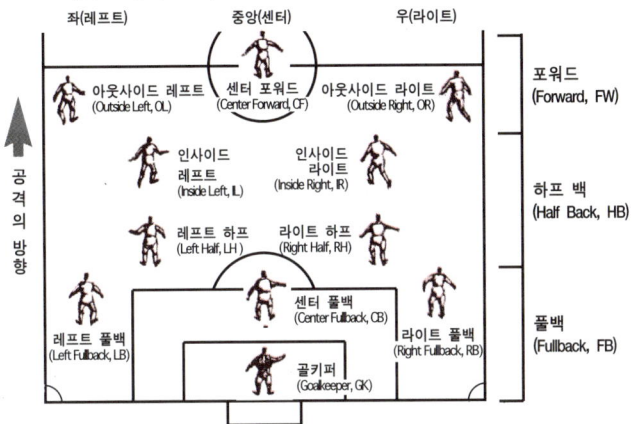

주 1) 센터 백(CB)을 센터 하프(CH)라고 부르는 수가 많다.
   2) IR은 RI(라이트 인너), IL은 LI(레프트 인너), OR은 RW(라이트 윙), OL은 LW(레프트 윙)으로 쓰는 수가 있다.
   3) LH와 RH는 사이드 하프 또는 윙 하프라고 한다.

▼ 포지션 호칭의 일례 2 : 4-3-3 시스템의 경우

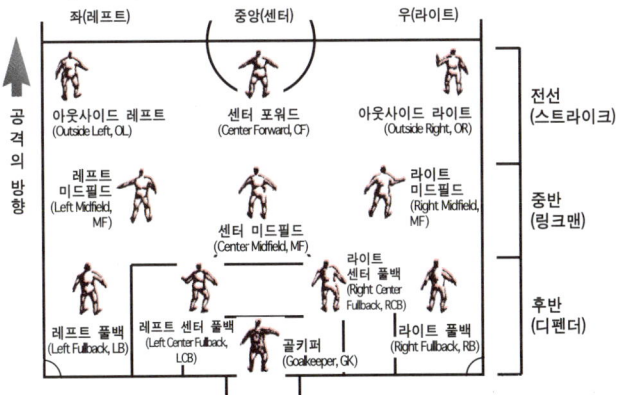

주 1) 4-3-3 시스템에서는 중반의 선수(미드필더)는 좌우의 구별보다는 수비적 링크맨, 게임을 결합시키는 링크맨(게임 메이커), 공격적 링크맨으로 나누는 방법이 적당하다.
   2) 디펜스 라인 중앙의 2명은 스위퍼 시스템을 취할 때는 1명이 스위퍼, 다른 1명이 스토퍼라고 불린다.

2 공격의 전술

축구의 공격은 상대 팀으로부터 공을 뺏는 순간에 시작되어, 상대 골에 골인시킴으로써 끝난다. 상대 팀으로부터 공을 빼앗아 득점할 때까지 어떠한 플레이를 실행해야 하는가를 열거해 보기로 한다.

(1) 수비에서 공격으로의 빠른 전환

자기편이 공을 뺏으면 11명 전원이 그 순간에 재빨리 수비에서 공격으로 전환하지 않으면 안 된다. 상대의 마크를 벗어나 공이 굴러오는 공간으로 달려가도록 한다.

(2) 공격의 템포를 맞출 것

공격에는 속공(速攻)과 지공(遲攻)의 두 가지가 있다. 공을 빼앗을 때 상대편이 자기편 진영에 다가와 있을 때는 우선, 속공을 노려 공격 지점에 있는 자기편에게 롱 패스로 연결해 주도록 한다. 속공이 여의치 못한 상황이라면 중앙에서 공을 점유하여 지공에 의해서 상대편의 수비를 공략하도록 한다.

다시 말해 상대편의 수비 진영이 정비되어

있지 않을 때는 속공으로 나가고, 정비되어 있을 때는 지공으로 나간다.

(3) 게임 메이커(game maker)의 역할

팀에는 중반에서 공격을 결합하기 위한 중심이 되는 선수가 필요하다. 이러한 선수를 '게임 메이커'라고 부른다(영어로 스키머 schemer, 계획을 세우는 사람). 게임 메이커는 경험이 풍부하고 볼 컨트롤이 좋으며, 상황 판단이 빠른 선수여야 한다.

자기편이 공을 빼앗으면, 게임 메이커는 재빨리 다가가 패스를 받아 자기 위치에서 공격으로 결합시켜야 하는 경우가 많다.

게임 메이커는 게임의 리듬과 전환을 항상 염두에 두고, 가장 유리한 위치에 있는 선수에게 공을 공급해 주어야 한다. 즉, 숏 패스를 2, 3차례 한 다음에는 롱 패스를 구사하는 등 경기 진행을 변화 있게 운용하는 것도 한 방법이다.

(4) 사이드 체인지(side change)와 그 효과

왼쪽 사이드에서 오른쪽 사이드로 또는 오른쪽에서 왼쪽으로, 경기장을 횡단하는 롱 패스를 보내는 것을 '사이드 체인지(side change)'라고 한다.

　상대편 수비를 유도하여 반대쪽 사이드로 보내고, 급히 공격의 정면을 바꾸어 상대편 수비벽이 얇아진 틈을 타 재빨리 공격하는 것이 이 전법이다.

　사이드 체인지를 어느 정도로 훌륭하게 해내느냐에 따라 공격의 성공률이 크게 달라진다.

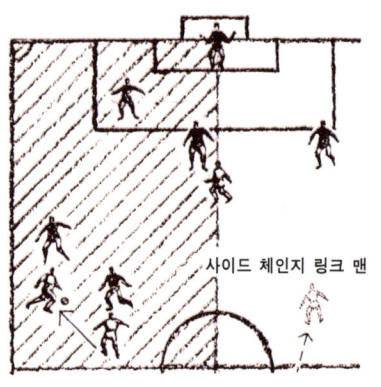
사이드 체인지 링크 맨

4-3-3 시스템에서는 왼쪽 사이드로 공이 넘어가면, 수비 진행은 왼쪽 그림과 같이 된다. 이 경우, 빗금 부분에서는 공격측 3명에 대하여 수비측은 골키퍼 외에 4명이므로 수비측이 수적 우위에 놓이게 된다. 그러나 오른쪽 사이드에서는 수비측 1명에 대하여 공격측 1명이라는 대등한 조건이 주어져 링크 맨 가운데 한 사람이 자유롭게 공격에 가담하면 수비측 1명에 대하여 공격측은 2명이 되어 수적 우위에 놓인다.

　4-3-3 시스템에서 재빠른 사이드 체인지가

얼마나 효과 있는 공격 방법이라는 것을 알 수 있을 것이다.

(5) 드리블의 활용

상대편의 수비벽이 튼튼하여 패스에 따른 공격만으로는 좀처럼 허점을 발견해 낼 수 없을 때, 중반에서 드리블을 잘 활용하면 게임을 풀어 나가는 데 큰 효과가 있다.

드리블로 상대 선수 한 명을 제치면 수비 인원수가 줄어들 뿐 아니라 수비 선수들이 그쪽으로 밀집되기 때문에 공격의 전개가 쉬워진다. 이 경우 피하려고 상대의 뒤에서 드리블하는 것이 아니라 상대의 정면을 향해 밀고 나가듯이 드리블하는 것이 효과적이다.

그러나 드리블의 사용법을 잘못 구사하지 않도록 주의해야 한다. 모처럼 상대를 제쳤다 해도 타이밍이 느린 드리블을 계속하면, 상대편의 수비벽만 두껍게 해주는 결과가 된다.

(6) 골 앞에서의 전술

페널티 에어리어의 주변에서 골에 이르기까지의 지역은 직접 슛할 수 있는 반면, 상대편 수비 선수들이 많고 마크가 심하다. 이 밀집

지대를 뚫기 위해서는 다음의 사항을 염두에 두어야 한다.

1) 과감성

마지막으로 결정을 짓는 것은 밀집된 가운데에서 재빨리 공에 달려들어, 무리한 자세라도 슛할 수 있을 정도의 개인적인 과감성에 있다.

2) 센터링의 이중 처리

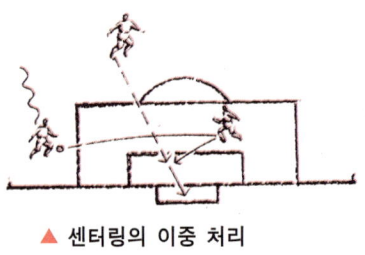
▲ 센터링의 이중 처리

한쪽의 사이드에서 골 앞으로 길게 패스(센터링)한 공을 문전 가까이에 있는 선수가 짧게 밀어 주면(어시스트해 주면) 제3의 선수가 순간적으로 달려들어 슛한다. 이 경우 장신의 선수는 헤딩을 주로 이용한다.

3) 삼각 패스

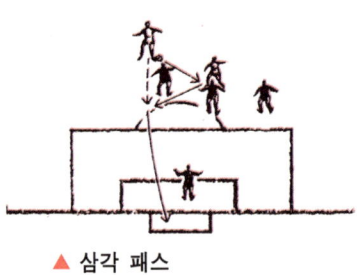
▲ 삼각 패스

상대편 선수와 마주 대하고 있는 자기편 선수에게 일단 강하게 패스하고, 그 되돌아오는 타이밍을 맞추어 뛰어들어, 밀집을 돌파하여 슛한다. 즉, 자기편 선수를 벽으로 삼아 상대의 수비를 막고, 벽에 부딪치게 하여 튀어 되돌아오는 것을 다시 되받아 제치는 것이다.

4) 스크린 플레이(screen play)

자기편 두 사람이 엇갈리듯이 엇비슷하게 스쳐 번갈아 패스를 주고받다가 상대편 선수들이 겹치도록 유도하여 틈을 보아 슛한다.

▼▶ 스크린 플레이

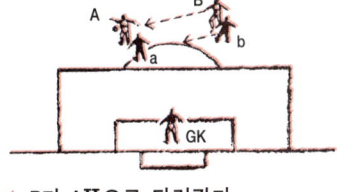

▲ B가 A쪽으로 달려간다.

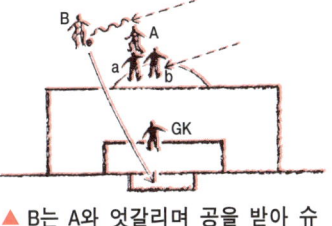

▲ B는 A와 엇갈리며 공을 받아 슈팅한다.

5) 외곽에서의 슛

20m 이상의 중거리 슛이나 롱 슛은 기회가 생기는 대로 주저 없이 시도한다. 페널티 에어리어의 외곽에서 느닷없이 슛을 함으로써 상대편의 진영은 동요를 일으킨다.

6) 골 쪽으로 달려든다

문전으로 날려 보낸(센터링한) 공에 맞추어 패스를

▲ 센터링의 직접 슛

보낸 쪽의 골포스트를 목표로 달려 들어가며 슛한다. 골키퍼가 반대쪽 포스트로 이동하려는 것의 허를 찌르는 플레이이다.

7) 2단, 3단의 공격

문전에서 슈팅 기회를 얻을 것 같을 때는 한 사람만 슛을 노리는 것이 아니라, 슛이 골포스트나 상대편 수비 선수에게 맞고 튀어나올 때 두 번째, 세 번째로 집요하게 슛을 해야 한다.

3 수비의 전술

(1) 뺏기면 추격하라

축구의 수비는 상대편에게 공을 빼앗겼을 때부터 시작된다. 그리하여 자기편의 골을 지키면서 11명이 협력하여 상대편 선수들을 몰아내고 공을 다시 뺏음으로써 끝난다. 수비의 장면에서 실행해야 할 사항을 알아보자.

공이 상대편에 넘어간 순간 전원이 곧 수비하지 않으면 안 된다. 공을 빼앗긴 선수는 즉시 추격한다. 공 가까이에 있는 사람은 공을 쫓으며, 나머지 선수는 각기 자기가 마크해야 할 상대를 놓치지 않도록 바싹 따라붙고 조금도 눈길을 떼어서는 안 된다.

상대를 끈질기게 따라붙으면 상대방에게 심리적인 압박감을 주어 볼 컨트롤을 제대로 할 수 없게 만든다.

또 상대방으로부터 공을 다시 뺏을 수 있을 지도 모른다. 공격과 수비의 전환점에 휴식이란 있을 수 없다.

(2) 맨투맨

상대편에게 공이 넘어가면 우선 맨투맨으로 자기가 마크할 상대를 파악한다.

만약 그것이 제대로 파악되지 않으면 상대 선수 한 사람에게 자기편

▲ 맨투맨으로 맞선다

두 사람이 붙으며, 다른 한 사람의 상대는 노마크 상태가 되어 수비벽이 깨어지고 마는 수가 많다. 수비로 들어간 위치는 자기편 골과 상대를 연결하는 직선 위에 놓여 있어야 한다.

(3) 볼 사이드 밀착 마크

공을 가지고 있는 상대편 선수를 자유롭게 내버려 두어서는 안 된다. 자기가 마크해야 할

상대가 공을 가지고 있을 때는 끈질기게 따라 붙음으로써 자유롭게 플레이할 수 없도록 방해해야 한다.

(4) 반대쪽은 지역 수비

▲ 밀착 지역 반대쪽은 지역 수비를 할 것

공이 있는 사이드에서 수비측 선수가 밀착 마크를 할 때, 공과 반대쪽 선수는 지역 수비를 펼쳐야 한다.

그러면 공을 가지고 있는 상대편 선수는 어디로 패스해야 할지 몰라 당황하게 된다. 또, 볼 사이드에 있는 자기편이 뚫렸을 때, 커버링할 수도 있기 때문이다. 공격에서도 콤비네이션 플레이가 필요하듯이 수비에서도 콤비네이션의 연관 플레이가 필요하다.

(5) 상대와 공을 놓치지 말 것

경기 중 상대는 한 곳에만 머물러 있는 것이 아니라, 상황의 변화에 따라 언제나 움직이고 있다. 따라서, 공만 보고 있으면 마크해야 할 상대가 피해 버림으로써 결국 자유로이 플레이하도록 방관하는 결과가 되고 만다.

또, 상대만 보고 있으면 공이 있는 지점에서 어떠한 상황 변화가 일어나고 있는지 판단할 수가 없다. 즉, 언제나 상대와 공을 동시에 살펴 놓치지 않는 것이 중요하다.

(6) 수비는 수적 우위를 바탕으로

현대 축구에서는 수비의 최종 라인에 상대편의 공격 선수보다 많은 수가 배치되는데 이런 방식의 수비를 '수적 우위에 따른 수비'라고 말한다.

▲ 수비는 수적 우위를 바탕으로

상대편의 공격진이 3명일 때 자기편의 수비 라인의 수가 4명이면 1대1로 마크를 하고도 1명이 남는다. 즉, 예비 수비수가 1명 생겨난 셈이다.

수비 라인을 맨투맨으로 마크하는 시스템에서는 이 남은 1명은 '스위퍼' 역할을 한다. 이와 같이 수비 라인에서 1명이 남으면 당연히 전방에선 자기편 공격진에 1명이 부족하게 된다. 따라서 상대편도 수비 라인에 1명이 남게 된다.

스위퍼에 대해서는 후술하기로 한다.

(7) 후방에서 지휘를 한다

수비하는 선수끼리의 연계와 서로의 커버는 매우 중요하다. 전방에서 플레이에만 열중하고 있는 선수는 경기장 전체의 상황을 살펴볼 수가 없다. 이럴 때 후방에 있는 선수가 각 선수의 위치 등을 잘 파악하여 플레이의 전개 상황을 소리나 미리 정한 암호로 지시해 주어야 한다.

특히 골키퍼는 최후방의 수비자이므로, 수비 라인 전체를 파악하여 그때그때의 상황에 맞추어 경기를 이끌 줄 알아야 한다. 또 손을 사용하는 이점을 최대한으로 발휘하여 페널티 에어리어 안으로 날아든 공은 모두 잡아 내는 적극적인 자세를 보여야 한다.

골키퍼가 높은 공을 잡으려고 뛰어나갔을 때는 다른 선수가 재빨리 골 안으로 들어가 커버하도록 한다.

(8) 특수한 마크

상대편에 특히 뛰어난 선수가 있을 경우, 특별한 마크를 함으로써 특수한 수비 방식을 취해야 할 때가 있다. 예를 들면, 상대편의 주전 선수에게는 태클이 강하고 끈질긴 수비를 펼치는 선수를 전담 마크시키는 전법이다.

▲ 특수한 마크

상대 선수가 경기장의 어느 지점에 있든 집요하게 따라붙어 제아무리 우수한 선수라도 뜻대로 플레이할 수 없게 한다. 이러한 방법은 결국 자기편 선수를 1명 희생시키는 것이 된다. 상대편의 뛰어난 선수와 자기편의 1명이 공동 희생이 되어, 나머지 10명 대 10명으로 경기하자는 전법이다.

상대편의 센터 포워드가 특히 강한 경우에는 그 선수를 2명이 마크하는 경우가 있다. 이것을 '더블 스토퍼'라고 한다.

⚽ 시스템(system)

1 시스템이란

　시스템이란 시합을 할 때 선수들의 배치와 움직임(포진 또는 대형)에 대한 기본적인 개념을 말한다.
　이러한 선수의 배치는 시합 때에는 앞에서 그림으로 포지션을 설명한 것과 같이, 분명하게 보이는 것이 아니다. 얼핏 보면 서로가 멋대로 달리고 있어 포지션이 없는 것같이 보인다.
　그러나, 기본적인 포진이 근본이 되어 작전과 상황 판단에 따라 움직이고 있는 것이다.
　시스템에는 여러 가지 종류가 있다. 어떤 시스템을 사용할 것인가는 다음의 조건에 따라 결정한다.
　① 자기 팀 선수들의 능력과 구성.
　② 상대 팀의 능력과 구성.
　③ 시합 때의 컨디션(날씨, 경기장의 사정, 시합의 중요성 등).
　한 가지 시스템을 미리 정하고 그것에 맞는

선수를 기용하려는 것은 잘못이다. 시스템은 팀을 구성하고 있는 주전 선수의 능력을 최대한으로 발휘할 수 있도록, 즉 그 팀의 특색을 살려 그 팀에 맞는 시스템을 구성해야 한다.

한편, 상대 팀이 어떻게 나올 것인가에 따라 이쪽의 대책을 강구해야 한다. 따라서 선수들은 어떠한 시스템에서도 플레이할 수 있는 능력이 요구된다.

현대 축구에서 가장 전형적인 시스템은 4-3-3 포진이다.

이 4-3-3 이라는 숫자는 11명의 선수 중 골키퍼를 제외한 10명의 배치를 말한다. 즉,

  수비 라인 - 4명

  중앙 - 3명

  전방 - 3명이 된다.

2 시스템의 역사

축구의 시스템은 시대와 더불어 변천되어 왔다. 초기에는 차고 달리는 키킹 앤드 러시(kicking and rush) 축구에서 현대의 고도로 조직화된 축구에 이르기까지 시스템은 발전하여 왔다.

그런데 1925년 현행의 오프사이드 룰로 개정된 이후의 시스템의 변천을 대략은 알아 둘 필요가 있다.

(1) 투 백(two back, 2 FB형) 시스템

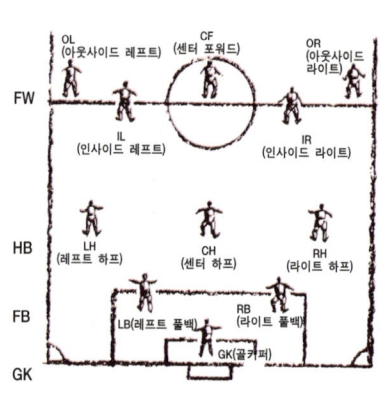

▲ 2 FB형의 포지션

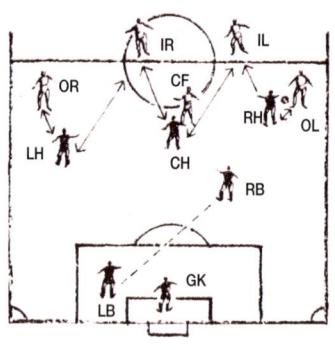

▲ 2 FB형의 수비 방법

조직적인 축구의 최초 시스템은 '투 백 시스템'이었다. 1930년경까지는 이 시스템이 가장 일반적으로 쓰이는 포진이었다. 현재도 사용되고 있는 각 포지션의 호칭은 이 투 백 시스템인 당시의 것들이 기본으로 되어 있다.

이 시스템의 특징은 2명의 수비가 지역 수비로 골 정면의 넓은 장소를 담당한다. 그리고 센터 하프는 상대팀 중앙 공격진의 3명

(IR, CF, IL의 센터 스리)을 마크함과 동시에 공격 때는 전진하여 패스하는 역할을 해내는 것이다.

(2) WM 포메이션 = 스리 백(three back) 시스템

2 FB형 시대에 센터 포워드에 강력한 돌파력이 있는 선수가 배치되어, 투 백 시스템으로는 이를 막아낼 수 없게 되었다. 이에 대처하기 위해 센터 하프를 수비 라인에 물러서게 하고, 상대편 센터 포워드를 전문으로 마크하게 되었다. 센터 하프가 센터 백의 위치로 들어간 셈인데, 오늘날에도 이 포지션을 센터 하프라고 부르는 사람이 많다. 이 시스템은 '스리 백 시스템', 또는 'WM 포메이션' 이라 부르고 있다.

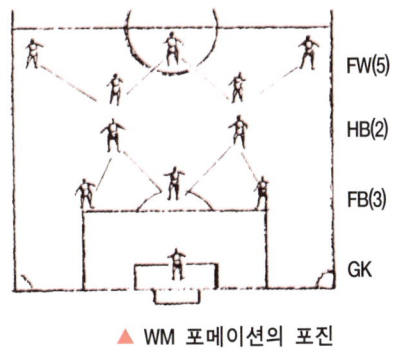

▲ WM 포메이션의 포진

WM형이라고 부르는 것은 전방의 포워드가 5명으로 나란히 대진하기 때문이다.

1930년경에서 1950년에 걸쳐서 이 시스템이 가장 일반적으로 사용되었다.

(3) 4-2-4형 시스템의 등장

1958년 월드컵 축구에서 브라질이 우승한 이래, 브라질이 사용한 4-2-4 시스템은 세계 각지로 널리 보급되었다.

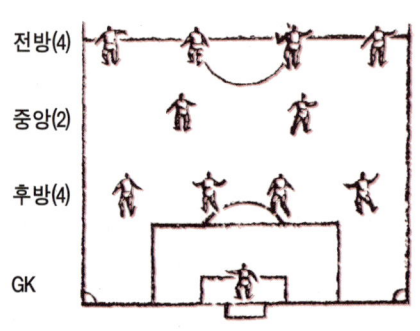

▲ 4-2-4 형의 포진

4-2-4형은 후방의 수비 라인에 4명, 중앙에 2명, 전방에 4명의 선수를 배치한다(그림 참조). 중앙의 2명은 공격과 수비 양면에서 큰 역할을 하며, '6명 공격, 6명 수비'의 모양이 된다. 중앙을 담당하는 2명에게 부여되는 역할이 매우 크므로, 실제 플레이에서는 전방의 4명의 선수 중의 1명이 자주 중앙으로 처져, 기회를 보아 전방으로 전진해 가는 형태가 많았다.

(4) 4-3-3형 시스템

브라질의 4-2-4 시스템이 세계 각지로 보급됨에 따라 차츰 명확한 4-3-3형으로 발전해 갔다.

1966년 월드컵에서 우승한 영국은 4-3-3 시

스템이었고 다음 번 1970년 대회에서는 브라질이 역시 훌륭한 4-3-3 전법으로 우승했다. 그리하여 4-3-3 시스템은 현대 축구의 주류가 되는 경향이 뚜렷해 졌다.

▲ 4-3-3형의 포진

　4-3-3의 특징은 수비 라인의 인원수가 공격 전선 플레이어의 인원수보다 처음부터 1명이 많은 것이다.

　그러나, 이것은 반드시 시합이 수비적이 된다는 것을 의미하지는 않으며, 자주 전방에까지 돌진하여 공격에 참가한다. 포지션이 상황에 따라 유동적이 되어 '전원 공격, 전원 수비'의 경향은 이 시스템에 의하여 더욱 중요시 되고 있다.

(5) 여러 가지 시스템

　현대 축구에서 실제로 사용되고 있는 시스템은 거의가 WM형 또는 4-2-4에서 발전한 4-3-3형에 기본이 되어 있다.

　그러나 사정에 따라 기본적인 시스템을 무시한 특수한 시스템을 사용하는 수도 있으며, 또 그 나라에 따라 독자적으로 전통적인 시스템을 즐겨 사용하는 수도 있다. 그러한 예를 들어 보기로 한다.

1) 스피어헤드(spearhead)

스피어헤드란 '창 끝'이란 뜻이다. 강력한 센터 포워드를 한 사람만 상대편 문전에 고정시켜 두고, 수비를 튼튼히 하며 플레이하다가 반격을 취하는 방법이다.

2) 투 톱(two top) 시스템 = 4-4-2 시스템

투 톱 시스템은 공격선에 2명을 남겨 두고 수비를 두텁게 하다가 갑작스럽게 속공을 노린다. 4-3-3형에서 1명을 중앙에 처지게 하는 형으로 바꾸면 4-4-2의 배치가 된다.

3) 카테나치오(catenaccio)

1960년대에 이탈리아 팀이 즐겨 구사했던 수비 중심의 포진을 말한다. 맨투맨의 수비 라인 배후에 예비 백(스위퍼) 1명을 둠과 동시에 앞쪽에도 1명을 두어 문전 수비를 두텁게 한다. 카테나치오란 이탈리아어로 '빗장을 걸고 문단속을 한다.'는 의미이다.

4) 스위스 리이겔(볼트 시스템)

2 FB형에서는 상대의 강력한 센터 포워드를 막지 못하게 되었을 때, 스리 백(WM형)과 달

리 스위스에서 고안해 낸 시스템이다. 리이겔(영어로는 볼트)이란 '문을 닫는다.', '문고리를 건다.'라는 의미로 수비를 튼튼히 하는 것을 뜻한다. 수비의 장면에서는 2 FB형의 2명의 수비수 중 1명이 상대편의 센터 포워드를 빈틈없이 마크하고, 다른 1명은 그 배후에서 예비 백(스위퍼) 모양으로 지역을 수비하게 된다.

공격할 때, 센터 하프가 전진하여 전선의 선수들을 리드하는 것은 2 FB형 시스템과 마찬가지이다.

5) 3-5-2 시스템

1990년 이탈리아 월드컵에서 우승한 독일(당시 서독)이 구사한 시스템이다. 중앙을 강화시켜 상대 팀의 공격을 중앙(미드필드)에서 차단하는 소위 '압박 축구'의 시스템으로 중앙을 최대한 강화한 전술이다.

3 WM 포메이션의 포인트

오늘날 높은 수준의 축구는 거의 4-3-3을 바탕으로 한 시스템이 되었지만, 일반적으로 WM 포메이션도 널리 사용되고 있다.

WM형은 4-3-3 등의 비교적 새로운 시스템

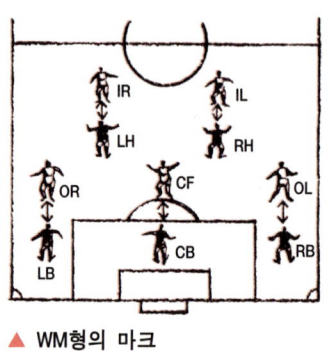

▲ WM형의 마크

에 비하면, 포지션의 지역적인 분담이라는 개념이 강하다. 물론 전원 공격, 전원 수비라는 축구의 기본적인 원칙은 WM형에서도 지켜져야 하며, WM형에서도 수비의 공격 참가를 시도하는 수가 있다. 그러나, 4-3-3을 기본으로 한 축구에 비하면 포지션의 유동성은 적다.

WM형에서는 맨투맨의 마크에 의한 수비가 원칙이다. W형에 배치된 5명의 포워드에 대응하여 후방 수비진이 M형으로 포진한다.

중앙을 담당하는 것은 포워드 가운데 이너(inner, 인사이드 포워드) 2명과 수비 가운데 하프 백 2명을 합친 4명으로 각기 중앙에서의 공격적 역할과 수비적 역할을 주로 담당한다.

따라서 WM형의 배치를 4-3-3 시스템과 같이 숫자로 표시하면 3-(2-2)-3이 되는 것이다.

WM형의 각 포지션의 역할은 다음과 같다.

(1) 수비 라인

양 사이드의 수비는 상대편 포워드의 양 윙

을 각각 마크한다. 공 가까이에 있는 수비는 밀착 마크를, 멀리 있는 수비는 지역 수비 태세를 취한다.

센터 하프(센터 백이라고도 한다)는 상대편의 센터 포워드를 마크한다.

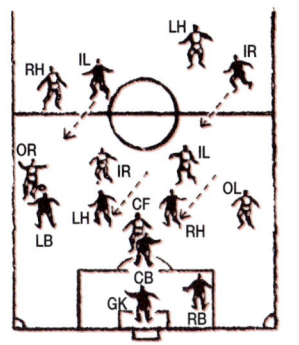
▲ WM 포메이션의 공격과 수비

(2) 중앙

하프 백 2명이 수비적인 중앙 플레이어로서 상대 팀의 인사이드 포워드를 마크하면서 넓게 움직여 상대의 공격을 차단한다. 공격의 경우에는 전진하여 포워드를 지원하다.

포워드 5명 가운데 인사이드 포워드 2명은 공격의 기점이 되어 문전까지 달려들어 슛을 한다.

그리고, 수비의 국면으로 접어들면 하프 백과 합세하여 수비벽을 견고하게 한다.

(3) 전방

양 날개인 윙에는 볼 컨트롤이 뛰어나고 발이 빠른 선수를 기용한다. 그리하여 상대편의

수비진을 뚫고 문전으로 공을 넘겨 슈팅 기회를 만들어 준다. 그리고, 반대쪽 사이드에서 문전으로 넘겨 준 공에 재빨리 달려들며 슛을 노린다.

중앙의 센터 포워드는 슛을 하여 득점을 노리는 것이 주요한 임무이다. 좌우로 움직이며 상대편의 수비들을 유인해 냄으로써 다른 선수에게 슈팅 기회를 만들어 주기도 한다. 센터 포워드는 체격과 슈팅력이 좋은 선수가 많다.

4 4-3-3 시스템의 포인트

현재 국제 수준급 축구에서는 WM형의 포진은 전혀 사용되고 있지 않다. 대부분이 주로 4-3-3 계통의 시스템을 사용하고 있는데, 이것은 전원 공격, 전원 수비가 철저하며 유동적인 포지션으로, 어디에서든 공격해 오는 축구에 있어서는 지역적 분업의 경향을 벗어나지 못하는 WM형으로는 대처할 수 없기 때문이다.

4-2-4형 또는 4-4-2형으로 불리는 시스템은 4-3-3형과 같은 계통에 속하는 것이다. 따라서 시스템의 기능면에서 보면 공통점이 많다. 여기서는 4-3-3형을 중심으로 설명하기로 한다.

이 계통의 시스템을 잘 구사하려면 볼 컨트롤이 정확하고 1대1의 개인기에 뛰어난 플레이어들을 고루 확보하는 것이 요구된다. 또, 넓은 범위를 격렬하게 움직일 수 있는 스피드와 체력을 갖추어야 한다. 그리고 '누구나 어떤 포지션'에서도 감당할 수 있는 올라운드 플레이어의 능력이 더욱 요구되는 것이다.

4-3-3 계통의 시스템에서는 수비 라인 선수의 공격 참가가 매우 큰 역할을 해내고 있다. 수비 라인의 플레이어가 수시로 최전방까지 나가 패스나 슛을 한다.

(1) 수비 라인

최종 수비 라인의 수비법은 맨투맨을 기본으로 하는 수비법과 지역 수비에 의한 수비법의 두 종류가 있다. 상세한 설명은 뒤에서 하기로 하고, 그 어느 것이든 4-3-3 시스템을 사용하는 팀끼리의 시합에서는 수비 라인의 수비 인원수가 상대편의 전방 플레이어보다 많아진다.

▲ 4-3-3끼리의 대전
(수비수 1명이 남는다)

맨투맨을 기본으로 한 수비법에는 이 여유 있는 백이 스위퍼가 된다. 4명의 수비수 가운데 중앙의 2명은 체격이 좋고 헤딩에 강한 선수가 맡는 것이 일반적이다. 양쪽 사이드의 수비수 2명은 태클이 강할 뿐 아니라 발이 빠른 선수가 좋다.

현대 축구에서는 4명의 수비 가운데 누구라도 기회가 있으면 전방으로 진출하여 적극적으로 공격에 참가한다.

(2) 중앙

중앙에서 수비와 공격을 이어주는 사람이라는 의미로 링크 맨(link man)이라고 부른다. 링크 맨 3명은 수비적(후방) 링크 맨과 경기를 결합하는 링크 맨, 공격적(전방) 링크 맨의 세 형태로 나누어 생각할 수 있다.

수비적 링크 맨은 3명의 링크 맨 중에서도 수비에 강한 선수가 담당한다. 공격적 링크 맨은 게임 메이

▲ 4-3-3형의 링크맨의 역할

커로서 공격의 결합을 담당한다. 공격적 링크맨은 중앙에서 전선에 걸쳐 광범위하게 움직여 센터 포워드가 움직인 빈자리로 달려들어가 슛을 노린다. 제4의 포워드라고도 말하며 슈팅력이 좋은 선수가 담당한다.

이 3명의 선수에는 각각 특징 있는 선수를 기용하며, 또 이들 3명은 다 같이 공수 양면의 역할을 해낼 수 있어야 한다.

(3) 전방

포워드의 3명은 센터 포워드와 양쪽 윙이다. 스트라이커라고 부르며 상대방의 수비 라인을 돌파하고 골을 넣는 것이 주요 임무이다.

이 3명은 좌우로 크게 달려가 상대방 수비를 유인하여 후방으로부터 자기편이 공세를 취하도록 움직인다.

윙은 터치라인을 따라 꽉 차게 벌려, 플레이를 전개하기 쉽도록 하는 것이 중요하다.

5 수비 라인의 수비법

후방 수비 라인의 수비 방법에는 맨투맨을 기본으로 수비하는 방법과 지역 수비로 수비하는 방법이 있다.

4-3-3 시스템의 경기에서는 수비 라인의 플레이어의 인원수는 상대편 공격 선수의 인원수보다 1명 많은 것이 보통이므로 이 경우에 맨투맨으로 수비하면 배후의 선수가 1명 남는다. 이 여유 있는 선수는 스위퍼 역할을 한다.

따라서 4-3-3 시스템의 시합에서는 수비 라인의 수비 방법으로 맨투맨 수비에 특정한 마크 상대를 갖고 있지 않은 스위퍼가 가담한 수비 형태가 일반적으로 쓰여진다. 남미 여러 나라에서는 주로 지역 수비가 사용되고 있다.

(1) 맨투맨 수비

WM 포메이션의 수비 라인은 원칙적으로 맨투맨이다. 수비 라인의 선수는 시합 중 항상 마크해야 할 특정한 상대편 선수가 있다. 4-2-4 시스템의 시합에서도 맨투맨의 수비 라인을 채택하면 같은 방식이 된다(상대편이 맨투맨 수비를 선택하는가, 지역 수비를 선택하는가에 따라 대응책이 달라진다).

맨투맨 수비의 원칙은 이제까지 되풀이하여 설명해 왔다. 간단히 정리하면 다음과 같다.

① 공에 가까운 쪽은 상대방에 접근하고, 먼 사

이드는 지역 방어 방식으로 커버한다.
② 자기편이 뚫리면 가까이 있는 선수가 대신하여 마크한다. 이 경우에는 자기가 담당하고 있던 상대를 방치하더라도 위험한 상대에 맞붙어 공에서 먼 쪽의 상대를 비교적 자유롭게 한다.

▲ 위험한 상대를 수비한다

③ 수비 쪽의 인원수가 적어져 2대1 또는 3대2와 같은 상황이 되면, 상대의 전면 지역을 차단하여 자기편이 되돌아오는 시간을 벌도록 한다(팀 전술 중 수비의 전술 참조).

(2) 스위퍼 시스템(sweeper system)

스위퍼(sweeper)란 청소부란 뜻으로 맨투맨의 수비 라인 배후에 있다가 수비의 흩어짐을 커버하는 역할을 했었다. 그러나 오늘날의 스위퍼는 그러한 수비를 단단히 하는 소극적인 역할이 아니라 적극적으로 중앙 또는 전방에도 진출하여 공격을 리드하는 역할을 하게 되었다. 따라서 스위퍼라는 영어보다는 이탈리아

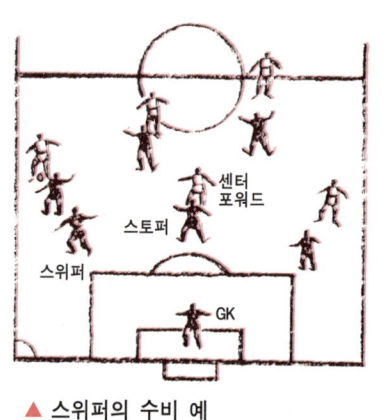

▲ 스위퍼의 수비 예

어의 리베로(libero, 자유로운 사람)라는 쪽이 이 포지션을 적절하게 표현한 것이라 할 수 있다.

　스위퍼는 언제나 수비 라인의 배후에 위치하는 것만은 아니다. 경우에 따라서는 다른 수비 선수와 나란히 서기도 하고 또는 수비 라인보다 앞으로 나가는 등 상황에 따라 위치를 바꾼다. 스위퍼는 체격이 좋고 개인기가 뛰어나며, 판단력이 좋고 경험 또한 풍부한 선수가 아니면 안 된다.

　스위퍼를 두었을 경우에는 수비 라인은 비교적 상대방에게 바싹 따라붙어 마크하는 것이 보통이다. 따라서 스위퍼가 앞에 나가 있을 경우에는 누군가가 대신 스위퍼의 포지션으로 들어가거나 반대 사이드가 처진 두터운 수비 라인을 만들어야 한다.

　스위퍼의 역할에는 다음과 같은 것이 있다.
　① 수비 라인을 지휘한다.
　② 스루 패스를 차단한다.

③ 자기편이 빠져 나간 뒤쪽을 커버한다.
④ 뒤쪽에서 튀어나온 상대를 마크한다.
⑤ 공격에 참가한다.

(3) 지역 방어의 수비 라인

 지역 방어의 수비 라인에서는 4명의 수비진이 거의 가로로 나란히 서고, 자기 진영 골에서 하프 라인에 걸친 지역을 4개의 지역으로 분할하여 수비한다.

 맨투맨의 수비에서는 자기가 마크를 담당하고 있는 상대가 달리는 곳에는 원칙적으로 따라붙는데, 지역 수비에서는 자기가 분담하고 있는 지역에 들어온 상대는 누구든지간에 마크하며, 담당 지역에서 빠져 나간 상대는 뒤쫓지 않는다.

 예를 들면, 상대편 레프트 윙이 포지션을 바꿔 라이트 윙의 위치로 빠지는 경우 맨투맨 수비에서는 라이트 풀백이 왼쪽 사이드까지 따라붙어 수비하지만, 지역 방어에서는 마크를 자기편

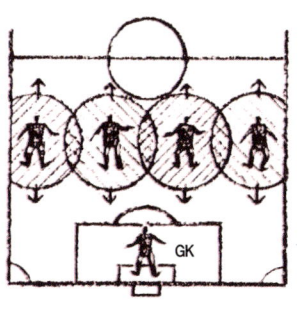

▲ 지역 수비
4명의 수비가 지역을 담당

에게 인계하고 왼쪽 사이드에 들어온 레프트 윙을 레프트 풀백이 대신 담당하여 수비하게 된다.

이 수비 방법에서는 플레이어는 너무 깊은 수비벽을 만들지 않고, 가로 일선에 가까이 나란히 한다. 이 수비 라인의 한 가지 큰 무기는 '오프사이드 트랩(off-side trap : 상대를 고의로 오프사이드로 유인하는 플레이)'이다. 상대가 앞으로 패스를 보내려고 할 때 이러한 얕은 수비 라인이 일제히 앞으로 대시하여 상대를 오프사이드 반칙으로 만든다. 그래서 이 수비법은 '오프사이드 디펜스' 또는 '라인 디펜스'라고도 부른다.

지역에 의한 수비 라인에는 다음과 같은 기능과 특징이 있다.

▲ 대인 방어의 예

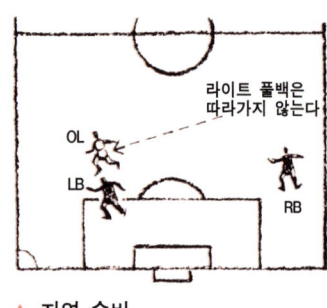

▲ 지역 수비

① 4명의 백은 옆의 선수와 서로 커버하면서 수비한다. 따라서 1명이 공을 점유하고 있는 상대를 향해 있을 때는 그 안쪽에 있는 선수는 약간 처지는 위치에서 대기하여 자기편이 뚫렸을 경우에 대비한다.

② 상대편 전방의 선수가 3명일 때, 자기편은 4명 가운데 어느 한 명은 자유롭기 때문에 여유를 가지고 커버할 수 있다.

③ 포지션을 변경하여 공격해 오는 상대는 마크를 자기편에게 인계하면서 수비한다. 따라서 상대편 움직임에 이끌려 수비가 치우칠 염려가 없다(수비가 한쪽으로 치우치면, 상대가 후방에서 공간으로 대시하여 공격할 위험이 있다).

④ 4명 가운데, 누구나 같은 라인에서 공격에 참가를 위해 재빨리 달려들 수가 있다.

8 아웃 오브 플레이로부터의 전술

1 중단 후의 재개는 신속히

경기 중에 플레이가 중단되는 경우가 있다. 이것을 '아웃 오브 플레이(out of play)'라고 하는데, 예를 들면 공이 경기장 밖으로 나가거나 반칙이 발생하거나 골인 되었을 때 등이다. 그리하여 아웃 오브 플레이가 된 다음에는 정지한 상태로부터 플레이가 재개된다. 즉, 골킥, 코너 킥, 프리 킥, 스로인, 킥오프 등이다.

이런 때, 공격측은 미리 계획된 방법에 따라 공격할 수가 있다. 그런 만큼 수비측은 재빨리 그리고 신중하게 플레이하지 않으면 안 된다. 이러한 정위치로부터의 공격 플레이의 성공률은 매우 높다.

이러한 경우의 원칙은 무엇보다도 공격측의 신속한 동작이 요구된다. 공 가까이에 있는 선수가 재빨리 공을 차려고 할 때 자기편이 우물쭈물 시간을 끄는 경우가 있는데, 오히려 수비측에게 재정비할 여유를 주는 결과가 되고 만다.

2 코너 킥으로부터의 공격

코너 킥이 직접 득점으로 연결되는 비율은 100회에 5회, 즉 20대1 정도에 불과하지만, 기회를 만드는 데는 그지없이 좋은 킥이다.

코너 킥에서의 공격은 3~5종류의 방법을 철저히 익혀 두는 것이 좋다. 그러면 실전에서 계획대로 직접 골인시키지 않더라도 충분히 득점과 연결시킬 수 있는 기회를 만들어 낼 수 있는 것이다.

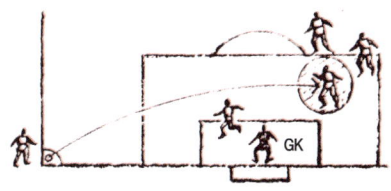

▲ 코너 킥에서의 공격

골키퍼 앞쪽에 1~2명이 서고, 다른 선수들은 페널티 에어리어의 반대쪽에 흩어져 각각 자리 잡는다.

(1) 숏 코너 킥(short corner kick)

코너 킥의 경우 자기편은 공 가까이 접근할 수 있지만, 상대편은 9.15m 이상 떨어져야 한다는 규칙을 활용한다. 한 선수가 골 라인 위에 서서 코너 킥된 공을 잡는다. 키커는 공을 참과 동시에 경기장 안으로 들어가되, 돌아오는 공을

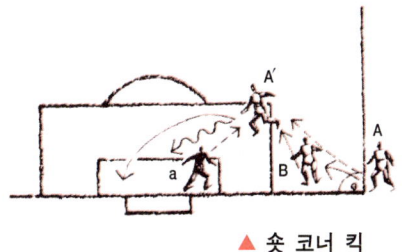

▲ 숏 코너 킥

잡아 드리블을 하여 슛을 노린다든가 반대쪽 사이드로 넘겨 기회를 만들 수 있다.

(2) 롱 코너 킥(long corner kick)

직접 공중 공으로 골 정면에 띄우는 경우가 많은데, 평범하게 띄우면 골키퍼가 잡아내고 만다. 그렇게 하지 않기 위해서는 다음과 같은 몇 가지 훈련이 필요하다.

1) 기본적인 원칙

골 에어리어를 약간 벗어난 반대쪽 사이드로 찬다.

2) 헤딩으로 넣게 한다

반대쪽 사이드 방향으로 멀리 날려보냄으로써 헤딩에 의한 2~3단계 슛을 감행한다.

3) 크로스바를 스치듯이 노린다

공에 회전을 걸어 크로스바를 약간 스칠 정도로 찬다. 직접 골인시키는 방법이다.

4) 상대를 유도하는 움직임

한 사람이 헤딩을 할 듯이 달려감으로써 상대편 수비를 유인하면, 뒤쪽에 받치고 있던 다른 사람이 달려들어 슛하는 등의 포메이션을 사전에 정해 둔다.

3 코너 킥에 대한 수비

　코너 킥에 의하여 공격을 받을 때는 우선 심리적 압박이 크므로 수비 자세가 흐트러지기 쉽다. 그러나 플레이가 일시 중단되는 것인 만큼 그 틈을 타서 수비의 지휘자가 재빨리 적절한 지시를 하여 냉정을 되찾지 않으면 안 된다.

① 골키퍼는 골 에어리어 안에서는 물론 높이 뜬 공은 반드시 잡는다는 마음가짐이 필요하다. 다른 선수는 골키퍼에게 방해가 되지 않도록 주의한다.

② 헤딩이 강한 상대는 특별히 마크해야 한다.

③ 뒤쪽에서 상대 팀의 하프 백, 스위퍼 등 키 큰 선수가 공격해 들어올 것에 대비하여 철저히 마크한다.

④ 상대의 움직임에 현혹되지 않도록 정해진 위치를 지키고 있다가 킥이 된 다음에 움직인다.

⑤ 자기편이 공을 뺏으면 재빨리 공격 태세를

▲ 코너 킥에 대한 수비
반대쪽 골포스트 앞에 골키퍼가, 가까운 쪽 골포스트 안에는 수비수 1명이 들어선다. 그 밖의 선수들은 먼 골 에어리어 부근을 중심으로 수비하며 상대방을 마크한다.

갖춘다.
⑥ 골키퍼가 뛰어나온 뒤쪽 골은 수비수가 반드시 커버한다.

4 프리 킥으로부터의 공격

프리 킥이 득점으로 연결되는 경우는 매우 많다. 중요한 점은 반칙이 선언된 순간에 전 선수가 재빨리 준비하여 상대편이 수비 태세를 정비할 여유를 주지 않고 공격하는 것이다.
프리 킥은 상대편 선수의 반칙에 따라 직접 프리 킥과 간접 프리 킥의 두 종류가 있다.
직접 프리 킥은 상대편 골에 프리 킥으로 직접 차 넣어도 좋은 것으로, 페널티 에어리어 안에서는 페널티 킥이 된다.
간접 프리 킥은 키커가 찬 공이 한 번 다른 플레이어에 접촉되지 않으면 안 되며, 그대로 골에 들어가도 득점으로 인정되지 않는다. 심판이 한쪽 손을 높이 들어올렸을 때는 간접 프리 킥이다.
간접 프리 킥일 때도 공 가까이에 2명이 서서, 짧게 자기편에게 넘겨서 차면 직접 프리 킥과 별다른 차이가 없다. 다만 페널티 에어리

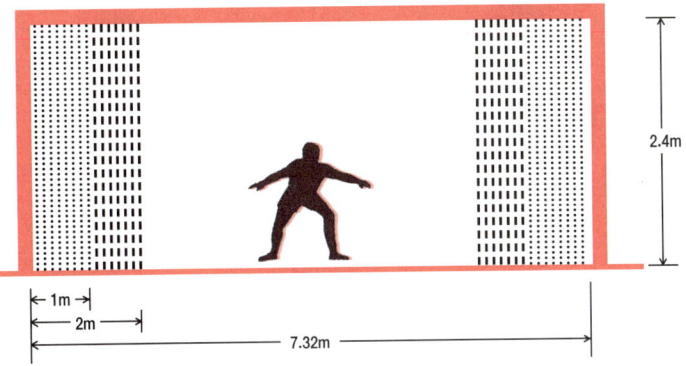

골포스트와 크로스바의 기둥의 직경은 12cm,
골키퍼가 수비하는 범위의 양쪽에 1.5m 정도의 공간이 남는다. 이곳
으로 슈팅을 하게 되면 막기가 힘들다.

어 안에서도 페널티 킥이 되지 않을 뿐이다.

(1) 중앙에서의 프리 킥

중앙에서의 프리 킥은 상대방이 이쪽의 속공 기회를 차단하려고 반칙했을 때에 많이 생긴다. 그러므로 상대편이 반칙에 의해 오히려 득을 보는 일이 없도록 중앙에서의 프리 킥 차기는 신속히 감행하여 속공을 멈추지 않도록 하는 것이 효과적이다.

(2) 수비벽에 대한 공격

페널티 에어리어의 주변 지역으로 골로부터

20~25m 떨어진 지점의 프리 킥은 득점으로 연결시킬 수 있는 기회가 된다. 상대편의 수비벽에 대한 공격 포메이션을 몇 가지 익혀 두어야 한다. 킥의 기교에 능한 선수와 슈팅력이 강한 선수가 잘 결합하여 여러 가지 형태의 공격을 펼칠 수가 있다. 몇 가지 예를 들기로 한다.

1) 슈터가 직접 찬다

상대편 수비벽에 구애되지 말고 슈터가 직접 골과 연결시키도록 한다. 처음으로 맞붙게 된 상대 팀에게는 무엇보다 직접 슛이 효과적이다.

골인이 되지 않더라도 위협감을 주는 데는 충분하다. 그 다음의 기회에는 그러한 위협감을 살려 상대편의 허를 찌르는 공격법을 펼 수 있다.

2) 수비벽의 머리 너머로 올린다

한 선수가 공을 차는 척하면서 수비벽 뒤쪽으로 뛰어 들어간다. 그와 동시에 다른 한 선수가 머리 너머로 공을 넘겨주면 뛰어 들어갔던 선수가 되받아 슛한다.

▲ 차는 척한 뒤 달려 들어간다

3) 수비벽의 바깥쪽에서 뛰어든다

직접 차는 척하다가 공을 수비벽의 바깥쪽으로 밀어 주면 슈팅력이 좋은 다른 선수가 비스듬히 달려들어 슛한다. 반대로 미리 수비벽의 바깥쪽에 자기편을 세워 두어 수비의 허점을 노려 직접 슛한다.

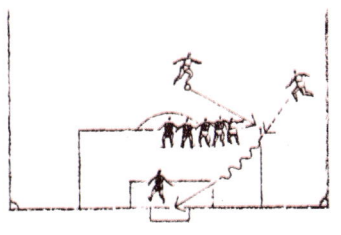
▲ 바깥 수비벽을 돌아 달려 들어간다

4) 사이드에서 되받는다

반대쪽 사이드로 멀리 밀어 주고 달려들어가 헤딩 등으로 되돌려 보내는 공을 받아 넣는다.

이 경우에 오프사이드가 되지 않도록 주의해야 한다.

▲ 사이드에서 달려 들어간다

5 프리 킥에 대한 수비

상대편의 프리 킥에 대한 수비 방법에는 다음의 두 가지가 있다.

(1) 골에서 멀 때

골에서 비교적 먼 거리이므로, 직접 골인될 걱정이 없을 때는 각자가 마크해야 할 상대를 확인하여 수비의 원칙대로 위치를 잡는다. 이 경우 상대방의 문전에 띄우는 로빙 볼에 의한 직접 공격과 프리 킥에서 일단 반대쪽 사이드로 보냈다가 속공을 노리는 것에 각별히 유의해야 한다.

(2) 수비벽을 만들어 대처한다

페널티 에어리어 주변에서 직접 골인시키려 들 때에는 여러 명이 어깨를 나란히 하고 늘어서서 수비벽을 만든다. 벽을 만드는 방법은 평소부터 정하여 연습해 둔다.

벽은 규칙에 따라 공에서 9.15m 이상 떨어져 만든다. 가까이에서 벽을 만들면 심판에 요구하여 벽을 물러서게 할 수가 있으므로 처음부터 정해진 거리에서 착실한 벽을 만들도록 한다.

벽을 만들 때는 서로가 너무 바싹 붙어 골키퍼의 시야를 가리지 않도록 한다. 골키퍼가 뒤에서 지시하여 바르게 되었는지 점검한다.

1) 사이드에서의 프리 킥에 대한 수비벽

코너 가까이에서의 프리 킥에 대한 수비벽은

골을 막듯이 2명이 비스듬히 나란히 서고 골키퍼는 먼 쪽 골포스트 앞에서 공을 살필 수 있는 위치를 잡는다(오른쪽 그림 참조). 그 밖의 선수는 각각 상대편 선수를 1명씩 마크한다. 반대쪽 사이드로 패스하는 것을 특히 경계해야 한다.

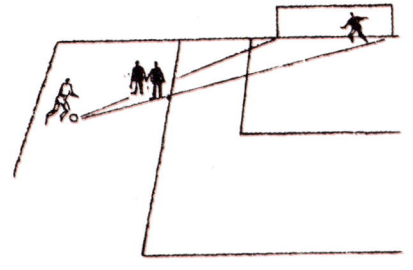

▲ 사이드에서의 프리 킥에 대한 수비벽

2) 정면에서의 프리 킥에 대한 수비벽 만드는 법 ①

5~6명이 골 라인과 평행하게 수비벽을 만들어, 수비벽의 가운데를 비워 두고 골 양쪽을 커버하도록 한다. 골키퍼는 벽 사이로 공을 지켜 본다. 이 경우 수비벽의 양쪽 끝 선수의 안쪽 어깨가 골포스트와 공을 잇는 선 위에 오도록 늘어선다.

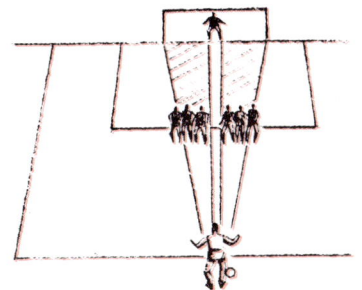

▲ 정면에서의 프리 킥에 대한 수비벽 ①

3) 정면에서의 프리 킥에 대한 수비벽 만드는 법 ②

골의 거의 3분의 2를 커버할 수 있도록 6~7

명이 나란히 늘어서며, 골키퍼가 나머지 부분을 커버한다.

 이 경우에도 수비벽의 맨 바깥쪽 선수의 안쪽 어깨가 골포스트와 공을 잇는 선 위에 오도록 서야 한다.

 수비벽을 만드는 법은 이상과 같은 두 가지가 있으나 골키퍼가 가장 수비하기 쉽도록 만드는 것이 요점이다.

제6장

경기 규칙

축구 경기의 경기 규칙은 17조로 되어 있어 간단하며 알기 쉽다. 또한, 국제적으로 완전히 통일되어 있어, 어느 나라에 가도 규칙은 똑같다. 이것이 축구를 포함한 스포츠의 장점이다.

상세한 풀이는 생략하기로 하고, 여기서는 실제 경기를 하는 데 필요한 것, 의문스러운 점 등을 중점적으로 설명하기로 한다.

1 경기장

(1) 넓이

경기장은 직사각형으로 길이는 최소 90m, 최대 120m이어야 하고 너비(폭)는 최소 45m, 최대 90m이어야 하며, 터치라인의 길이는 골 라인의 길이보다 길어야 한다.

국제 경기의 길이는 최소 100m, 최대 110m, 너비은 최소 64m, 최대 75m이어야 한다.

(2) 경기장의 표시

경기장은 명확한 선으로 그어 표시하는데 모든 선의 폭은 12cm를 넘지 않아야 하고 이 경계선은 각 지역의 넓이에 포함된다.

(3) 그외

골 에어리어, 페널티 에어리어, 플래그 포스트, 코너 아크, 골 등은 아래 그림을 참고.

▼ 경기장의 크기와 명칭

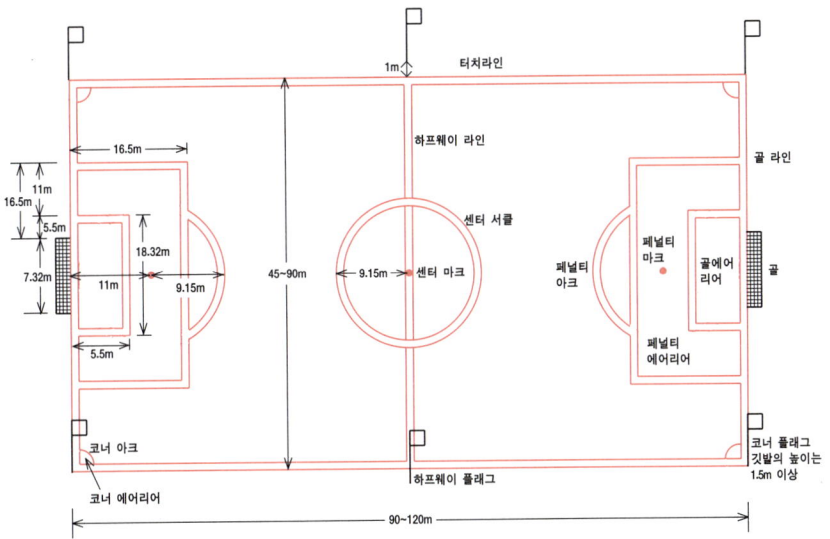

▼ 골의 크기

2 공

(1) 품질과 치수

공은 둥근 모양이어야 하고, 가죽 또는 알맞은 재질이어야 한다. 둘레의 길이는 68cm 이상, 70cm 이하이어야 하며, 무게는 경기 시작 시 410g 이상, 450g 이하이어야 한다.

그리고 공기 압력은 해면에서 0.6기압 이상, 1.1기압 이하이어야 한다.

(2) 결함 있는 공의 교체

경기 중에 공이 터지거나 바람이 빠졌다면 경기를 중단하고 교체된 공으로 처음에 결함이 발생된 장소에서 드롭 볼로 재개한다. 인플레이가 아닐 경우(킥오프, 골 킥, 코너 킥, 페널티 킥, 스로인 등)는 경기는 상황에 따라 재개한다. 또한 경기 중에 주심의 허락 없이 공을 바꿀 수 없다.

3 경기자의 수

(1) 경기자

경기는 각각 11명이 넘지 않게 편성된 두 팀

에 의하여 행한다.

팀 중 1명이 골키퍼. 어느 한 팀이라도 7명보다 적을 때에는 경기를 개시할 수 없다.

(2) 선수의 교체

FIFA, 대륙 연맹, 국가 협회 등에서 주관하는 공식 경기에서는 경기 중 최대 1팀 3명까지 교체할 수 있다.

교체 선수의 수는 3명에서 7명인데 그 수는 대회 규정에 명시되어 있어야 한다.

기타 경기에서는 팀들이 최대수에 동의하고 경기 전 주심에게 통보되었을 때 선수를 교체할 수 있다. 만약 경기 시작 전에 주심에게 통보되지 않았거나 교체수에 동의하지 않았을 경우에는 3명까지만 교체할 수 있다.

모든 경기에서는 경기 개시 전에 교체 요원의 명단을 주심에게 제출해야 하며 그외 선수는 경기에 참여할 수 없다.

(3) 골키퍼의 교체

팀의 어느 선수라도 자기 팀의 골키퍼와 교체할 수 있으나 바꾸기 전에 주심에게 통고하여야 하며, 경기가 중단된 동안 교대한다.

⑷ 경기자와 교체 요원의 퇴장

경기자가 경기를 개시(처음의 킥오프)하기 전에 퇴장(send-off)되었을 때는 교체 요원 중의 한 명으로 보충할 수 있지만 교체 요원이 경기 개시 전 또는 후에 퇴장 당했을 때는 보충할 수 없다.

4 경기자의 장비

경기자는 자신이나 다른 경기자에게 위험스러운 장비 또는 물건을 착용하거나 사용해서는 안 된다.

골키퍼는 다른 경기자나 주심 또는 부심과 구별되는 색의 옷을 착용해야 한다.

▶ 기본 장비
- 상의
- 하의 : 보온 바지를 착용할 경우 하의의 주 색상과 같아야 한다.
- 양말
- 정강이 보호대
- 신발

5 경기 시간

(1) 경기의 시간

경기 시간은 주심과 참가한 두 팀이 상호 동의했을 때를 제외하고, 전·후반 각각 45분씩이어야 한다.

전·후반 사이에 하프 타임을 두고 하프 타임은 15분을 초과해서는 안 되며 주심의 동의하에서만 변경될 수 있다.

(2) 허비된 시간의 공제

교체, 선수의 부상 정도 확인 및 치료를 위한 경기장에서의 후송, 시간 낭비, 기타 다른 사유에 의해 허비된 시간은 주심의 재량에 의해 경기 시간에 참작된다.

(3) 연장전

경기 시간이 끝나 양 팀이 무승부이거나 동점일 때는 연장전을 하는 수가 있다. 상세한 것은 대회 규정에서 정한다.

6 경기 개시와 재개

(1) 킥오프

경기의 시작, 후반의 개시 또는 득점이 이루어진 후, 연장전을 할 경우 연장전 경기의 전·후반을 시작할 때에는 센터 마크(킥오프 마크)에서 공을 찬다.

① 양 팀의 선수는 하프웨이 라인을 사이로 하여 각기 자기 진영에 위치한다. 킥오프를 하는 상대 팀은 인 플레이될 때까지 공에서 최소 9.15m 떨어진 곳에 위치한다.

② 공은 센터 마크에 정지된 상태에서 주심의 신호에 의해 킥한 공이 앞쪽으로 공의 둘레만큼의 거리(약 70cm) 이상 이동하면 인 플레이다.

③ 킥오프를 한 선수는 다른 선수가 공을 터치할 때까지는 다시 그 공을 건드리지 못한다 (이를 위반하면 위반이 생긴 지점에서 상대 방 팀에게 간접 프리 킥을 준다).

(2) 드롭 볼

드롭 볼은 인 플레이일 때 경기 규칙에 명시되어 있지 않은 이유로 경기가 잠시 중단된 후

재개하는 방법으로 다음과 같이 한다.
① 주심이 허리 높이에서 공을 떨어뜨린다.
② 공이 땅에 닿으면 인 플레이가 된다(닿기 전에 경기자가 차면 다시 한다).

7 인 플레이와 아웃 오브 플레이

 공 전체가 지면 또는 공중으로 터치라인 또는 골 라인을 완전히 넘어갔을 때나 주심에 의해 경기가 중단되었을 때 아웃 오브 플레이가 된다.
 공이 골포스트, 크로스바, 코너 플래그 포스트 또는 경기장 내에 있는 주심이나 부심에게 맞고 튀어 경기장 내로 되돌아 왔거나 바로 위에서 보아, 공의 일부라도 라인에 걸려 있는 동안은 인 플레이이다.

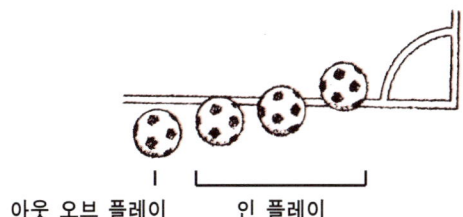

아웃 오브 플레이   인 플레이

8 득점 방법

경기 규칙을 위반함이 없이 공 전체가 양 골 포스트 사이와 크로스바 아래로 골 라인을 완전히 넘어갔을 때가 득점이 된다. 공의 일부가 라인에 걸려 있을 동안은 골인이 아니다.

수비측의 반칙이 있었으나 주심이 어드밴티지 룰을 적용하여 공이 골인되었을 때도 득점이 된다.

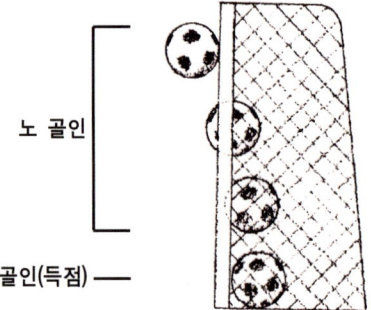

노 골인
골인(득점)

9 오프사이드(offside)

간단히 말하면 "상대방 뒤에서 대기하지 않는다."라는 규칙이 오프사이드이다.

공격측의 선수는 다음과 같은 경우에 오프사

이드 위치에 있다고 한다.
① 공이 플레이된 순간에(자기편 선수가 패스한 순간에),
② 하프웨이 라인보다 상대측에 있고,
③ 상대편 골 라인에 공과 최종의 두 번째 상대편보다 더 가까이 있을 때.

경기자가 자기 진영에 있거나 최종에서 두 번째 상대편과 동일 선상에 있거나 최종의 상대편 두 명과 동일 선상에 있을 때는 오프사이드 위치가 아니다. 그리고 골 킥, 스로인, 코너 킥의 상황에서 직접 공을 받았을 때도 오프사이드가 아니다.

오프사이드 위치에 있다고 해서 무조건 오프사이드가 되는 것은 아니고 오프사이드 위치에 있는 선수가 상대 선수를 방해했거나 플레이에 간섭했거나 그 자리에 있으므로 해서 어떤 이익을 얻었다고 주심의 의견으로 인정됐을 때 공을 받았든 안 받았든간에 그 방향으로 플레이된 순간에 오프사이드가 된다.

오프사이드 반칙 시 위반이 발생한 지점에서 상대편에게 간접 프리 킥을 준다.

▼ 오프사이드의 실례

◀ **오프사이드 ①(전형적인 예)**
A와 골 라인 사이에 상대편은 1명 밖에 없다.

◀ **오프사이드 ②**
(되돌아와 패스를 받는다)
패스를 받는 순간 오프사이드 위치에 있다가 되돌아 공을 받는다.

◀ **오프사이드 ③**
(상대방에 터치된다)
상대편 선수에게 터치된 다음 A에게 갔을 때 A는 오프사이드 위치에 있고 적극적으로 플레이에 가담하고 있으며 그 위치에서 이득을 얻었기 때문에 오프사이드이다.

◀ **오프사이드 ④**
(바에 맞고 튀어 나온다)
슛한 공이 골포스트나 크로스바에 맞고 튀어나와 자기편 선수인 A에게로 갔다면 A는 오프사이드 위치에 있었고 플레이되었을 때 그 위치에서 이득을 얻었기 때문에 벌칙을 주어야 한다.

▼ 오프사이드가 아닌 예

◀ 오프사이드가 아님 ①
최종에서 두 번째 상대편(a)과 동일선상에 있을 때는 오프사이드가 아니다.

◀ 오프사이드가 아님 ②
(다른 자기편에 패스)
A가 오프사이드 위치에 있다고 해서 B에게 패스된 순간 오프사이드로 처벌할 수 없다. 그는 플레이에 적극적으로 가담하지 않았으며, 그 위치에서 이득을 얻지 않았기 때문이다.

10 반칙과 부정 행위

축구에선 오프사이드 이외에는 어려운 반칙이 없다.
다음 두 가지가 반칙의 중요 포인트이다.
① 상대방을 부상시키는 따위의 위험한 플레이.
② 페어 플레이 정신에 위배되는 따위의 비겁한 행위.

(1) 올바른 차지는 반칙이 아니다

상대방의 몸을 밀어도 다음과 같은 올바른

　차지일 때는 반칙이 되지 않는다.
① 공을 자기가 플레이할 수 있는 범위(playing distance)에서,
② 자기의 어깨로 상대방 어깨를 미는 차지.

(2) 직접 프리 킥이 되는 10개 반칙

　다음 10개 항목의 반칙을 고의로 범했을 때는 직접 프리 킥이 된다(상대측 페널티 에어리어 내에서는 페널티 킥을 준다).
① 상대를 차거나 또는 차려고 했을 때(kicking)
② 상대를 걸었거나 걸어서 넘어뜨리려고 했을 때(tripping), 즉 다리를 쓰거나 상대의 앞 또는 뒤에서 몸을 굽혀 상대를 넘어뜨리려고 하는 행위
③ 상대방에게 뛰어 덤벼들었을 때(jumping at)
④ 난폭한 또는 위험한 차지를 하였을 때(foul charge)
⑤ 상대가 방해하고 있지 않는데 배후에서 차지를 하였을 때(back charge)
⑥ 상대를 때리거나 또는 때리려고 하였을 때(striking) 또는 그에게 침을 뱉었을 때(spit at him)
⑦ 상대방을 잡았을 때(holding)

⑧ 상대방을 밀었을 때(pushing)
⑨ 공을 손 또는 팔로 처리했을 때, 즉 손 또는 팔로써 공을 가지고 가거나 치거나 밀고 갔을 때(handling)
⑩ 공을 소유하고자 상대에게 태클을 하였으나 공에 닿기 전에 상대의 신체에 먼저 접촉되는 경우

▼ 직접 프리 킥이 되는 반칙

① 키킹(kicking)
상대편 선수를 발로 찬다.

② 트리핑(tripping)
상대편 선수를 걸어 넘어 뜨린다.

③ 점핑 엣(jumping at)
공에 헤딩하지 않고 상대방 선수에게 덤벼들었을 때

④ 파울 차지(foul charge)
어깨나 팔꿈치로 미는 따위의 난폭하거나 위험한 차지

⑤ 백 차지(back charge)
상대편 선수가 방해하고 있지 않은데, 뒤쪽에서 차지하는 것으로 어깨로 밀어도 반칙이 된다.

⑥ 스트라이킹(striking) 또는 침을 뱉는 행위
상대편을 때리거나 때리려고 하였을 때와 침을 뱉었을 때

⑦ 홀딩(holding)
상대편 선수를 잡는다.

⑧ 푸싱(pushing)
상대편을 밀었을 때

⑨ 핸들링(handling)
공을 손 또는 팔로 처리하면 반칙. 단, 상대편 선수가 찬 공이 터치되었을 때는 고의가 아니므로 반칙이 아니다.

(3) 간접 프리 킥이 되는 반칙

경기자가 다음의 반칙을 범하였을 때는 그 반칙이 생긴 지점에서 상대방 선수에게 간접 프리 킥을 준다.

① 위험한 플레이, 예를 들면, 골키퍼가 갖고 있는 공을 차려고 하는 플레이
② 공이 플레이할 수 있는 범위 내(playing distance)에 있지 않아서 쌍방이 명확히 그 공을 플레이하려고 하지 않고 어깨로 차징하였을 때
③ 공을 플레이하지 않고 고의로 상대방을 방해하였을 때(obstruction), 즉 상대방 선수와 공 사이를 달리거나 상대방의 장애가 되도록 신체를 밀었을 때
④ 골키퍼를 차징하였을 때

▼ 간접 프리 킥이 되는 반칙

◀ 어브스트럭션(abstruction)
플레이하는 것이 아니라 상대에게 방해만 한다

공이 없을 때의 차지 ▶
어깨로 어깨를 미는 차지라도 공이 플레이할 수 있는 범위에 없을 때는 반칙

⑤ 골키퍼의 반칙
　㉠ 손으로 공을 다루고 있던 골키퍼가 손에서 공을 놓기까지 6초의 시간이 초과하였을 때
　㉡ 골키퍼가 손으로 잡고 있던 공을 방출시킨 후, 다른 경기자가 터치하기 전에 공을 다시 터치했을 때
　㉢ 자기편 선수가 고의적으로 킥하여 준 공을 손으로 터치했을 때
　㉣ 자기편 선수가 스로인한 공을 직접 받아 손으로 터치했을 때
　㉤ 시간 낭비

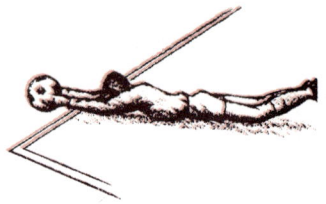

▲ 골키퍼의 핸들링

페널티 에어리어 안이냐, 바깥이냐는 공의 위치에 따라 판정된다. 골키퍼의 몸이 페널티 에어리어의 안에 있어도 바깥에 있는 공을 처리하면 핸들링으로 그 지점에서 상대편의 간접 프리 킥이 된다.

(4) 골키퍼에 대한 차지

간접 프리 킥이 되는 반칙 중, 골키퍼에 대

한 차지는 약간의 설명이 필요하다.

가령, 다음의 경우에는 어깨로 어깨를 미는 올바른 방법이라도, 골키퍼를 차징해서는 안 된다.

① 자기 진영 골 에어리어 내에서,
② 공을 갖고 있지 않을 때(단, 골키퍼가 상대방 선수를 방해하고 있을 때는 차징을 당하여도 어쩔 수 없다).

(5) 경고를 받는 경우

① 반(反)스포츠적 행위(unsporting behaivour)를 한 경우
② 말 또는 행동으로 항의한 경우
③ 지속적으로 경기 규칙을 위반한 경우
④ 경기 재개를 지연시킨 경우
⑤ 프리 킥이나 코너 킥 등으로 경기를 재개할 때 요구된 거리를 지키지 않을 경우
⑥ 주심의 허가 없이 입장 또는 재입장한 경우
⑦ 주심의 허가 없이 경기장을 떠난 경우

(6) 퇴장을 당하는 경우

① 심한 반칙 플레이(serious foul play)를 한 경우
② 난폭한 행위(violent conduct)를 한 경우

③ 상대 또는 다른 사람에게 침을 뱉는 경우
④ 고의적으로 공을 핸들링하여 상대 팀의 득점 또는 명백한 득점 기회를 저지시킨 경우 (자신의 페널티 에어리어 내에 있는 골키퍼는 적용되지 않는다)
⑤ 상대가 골을 향하여 움직이고 있을 때 프리 킥 또는 페널티 킥으로 처벌하여야 할 반칙을 하여 명백한 득점 기회를 저지시킨 경우
⑥ 공격적, 모욕적 언어 또는 행동, 욕설을 한 경우
⑦ 한 경기에서 두 번째 경고를 받은 경우

(7) 어드밴티지(advantage)

반칙일 때 주심이 반드시 호각을 부는 것이 아니다. 프리 킥을 주기 위해 중단하면, 오히려 반칙을 범한 팀에게 이익을 준다고 생각되었을 경우, 그 적용을 피하고 경기를 속행시키는 규칙(advantage rule)으로, 주심은 경기 전체의 진행 상황을 잘 파악하여 정확한 판단을 내려야 한다.

11 프리 킥(free kick)

반칙이 있었을 때는 상대 팀에 프리 킥이 부여된다. 반칙의 종류에 따라 프리 킥은 직접 프리 킥과 간접 프리 킥의 두 종류로 나누어진다.

(1) 직접 프리 킥

그 킥으로부터의 공이 직접 상대방 골에 들어갈 경우도 득점이 된다.

직접 프리 킥한 공이 자기 팀의 골에 직접 들어가면 상대 팀에게 코너 킥을 부여한다.

(2) 간접 프리 킥

그 킥으로부터 골에 들어가기 전에 그 공이 킥한 선수 이외의 다른 선수에게 터치되거나 플레이되지 않으면 득점이 되지 않는다(간접 프리 킥일 때는 주심은 팔을 들어 '간접'이라는 것을 표시한다).

간접 프리 킥한 공이 상대편 골로 직접 들어가면 상대 팀의 골 킥으로 판정하고 자기 팀의 골에 직접 들어가면 상대 팀의 코너 킥으로 판정한다.

(3) 프리 킥일 때의 위치

① 수비 팀 선수는 공에서 최소한 9.15m 떨어진 곳에 위치한다.
② 자기 진영 페널티 에어리어 내에서의 프리 킥일 때, 상대편 선수는 공에서 9.15m 떨어져 있을 뿐 아니라, 페널티 에어리어 밖에 위치한다.
③ 상대방의 프리 킥에 대하여 수비할 때, 자기 진영의 양 골포스트 사이의 골 라인 선상에 설 경우는 9.15m 떨어져 있지 않아도 된다.
④ 자기 진영 페널티 에어리어 내에서의 프리 킥은 공이 페널티 에어리어를 벗어나야 인 플레이가 된다.

12 페널티 킥(penalty kick)

페널티 킥은 인 플레이일 때 수비측이 자기 진영 페널티 에어리어 안에서 직접 프리 킥에 해당되는 반칙을 했을 때 상대 팀에 부여된다. 페널티 킥은 골에서 11m 떨어진 페널티 마크에서 공격측 선수 1명이 골키퍼와 1대1에서 찬다.
① 페널티 킥일 때, 차는 선수와 수비측 골키퍼

이외에는 경기장 내의 페널티 에어리어 밖에 있어야 하고, 페널티 마크의 뒤쪽에 최소한 9.15m 떨어져 있어야 한다.

② 골키퍼는 골포스트 사이 골 라인 선상에서 공을 찰 때까지 머물러 있어야 된다.

③ 페널티 킥은 전방으로 차야 한다.

④ 페널티 킥을 하는 선수는 공이 다른 선수에게 터치되거나 플레이되기 전에 재차 공을 터치해서는 안 된다. 예컨대, 찬 공이 크로스바에 맞고 튀어나온 것을 다시 차서 골에 넣어도 무효이다(상대방의 간접 프리 킥이 된다). 상대방 골키퍼에게 터치된 공을 다시 차는 것은 상관없다.

13 스로인(throw-in)

지상과 공중을 불문하고 공이 터치라인에서 밖으로 넘어갔을 때, 공을 최후로 터치한 선수의 상대 팀에 의해 공이 터치라인을 넘어간 지점에서 임의의 방향으로 스로인하여 경기가 계속된다.

스로인을 하는 선수는 다음과 같이 공을 던진다.

① 경기장을 향하고,
② 양발은 터치라인 위 또는 밖의 지면에 있지 않으면 안 된다.
③ 양손을 사용하고 머리 뒤에서 위로 넘겨 던져야 한다.
※ 스로인이 정확하게 행해지지 않았을 때는 상대방에 스로인이 부여된다.

▶ 주

프리 킥의 경우에는 오프사이드가 있지만 스로인의 경우에는 오프사이드는 없다.

14 골 킥(goal kick)

공격측 선수가 공을 터치한 다음 골 라인을 넘어 밖으로 나가면 수비측의 골 킥이 된다.

골 에어리어의 한 지점이나 공이 넘어간 지점에서 가장 가까운 어느 지점에서나 직접 패널티 에어리어 밖으로 찬다. 찬 공이 페널티 에어리어 밖으로 나가지 않으면 다시 찬다.

골 킥을 하는 팀의 상대 팀 선수는 골 킥을 한 공이 페널티 에어리어 밖으로 나갈 때까지 페널티 에어리어 밖에 머물러 있어야 한다.

골 킥에서 직접 득점이 된다.

15 코너 킥(corner kick)

공이 수비 팀 선수에 터치된 다음 골 라인을 넘어 밖으로 나갔을 때는 코너 킥이 된다.

공이 나간 지점에서 가까운 쪽 코너 마크내에 공을 놓고 공격측이 차게 되며, 이 때, 코너 플래그를 이동시키면 안 된다.

인 플레이될 때까지 상대편은 공에서 최소한 9.15m 떨어진 곳에 위치해야 한다.

코너 킥을 한 선수가 다른 사람이 터치하기 전에 재차 그 공을 터치해서는 안 된다(상대방의 간접 프리 킥이 된다).

코너 킥으로부터 직접 득점이 인정된다.

16 유소년 경기 축소 규칙(초등 학교 경기)

(1) 경기장
- ▶ 터치라인 길이 : 55m~80m(75m)
- ▶ 골 라인 길이 : 35m~54m(47m)
- ▶ 골 넓이 : 5.7m
- ▶ 골 높이 : 2.15m
- ▶ 골 에어리어 : 4.5m
- ▶ 페널티 에어리어 : 12.5m

- ▶ 페널티 마크 : 8.5m(골 라인 중앙에서)
- ▶ 센터 서클 : 센터 마크에서 반경 7m
- ▶ 페널티 아크 : 페널티 마크에서 반경 7m

(2) 공

- ▶ 둘레 : 63cm~65cm
- ▶ 무게 : 300g~350g
- ▶ 공기 압력 : 성인용과 같음

(3) 경기 시간

- ▶ 전·후반 : 각 25분씩
- ▶ 연장전 : 전·후반 각 5분씩

(4) 프리 킥

- ▶ 공과 수비 팀과의 거리 : 7m

축구 용어 해설

간접 프리 킥 indirect free kick
어느 한 팀이 반칙을 범했을 때 그 상대 팀에게 주는 프리 킥의 하나. 킥을 하는 사람 이외의 다른 경기자에게 공이 터치되지 않으면 골인되어도 득점으로 인정되지 않는다.

게임 메이커 game maker
경기의 공수 작전에서 중심적 활동을 하는 경기자로, 실전에서는 코치의 역할을 담당하는 재치 있고, 능력 있으며, 경험이 풍부한 공격적 하프가 주로 게임 메이커가 된다.

경고 caution
경기 중 선수가 주심의 허가 없이 경기장을 출입하거나 주심의 판정에 불복하는 행위, 반칙을 계속 범하는 등의 비신사적인 행위를 하였을 때 그 선수에게 주심은 경고를 줄 수 있다. 이것이 되풀이되면 퇴장을 당하게 된다.

골 커버 goal cover
골키퍼가 골을 비웠을 경우에 다른 선수가 골을 수비하는 것.

골 키핑 goal keeping
골키퍼가 골을 수비하는 기술.

국제 심판원 FIFA Referee
국제축구연맹(FIFA, Fédération Internationale de Football Association)으로부터 국제 경기의 심판을 맡아 볼 수 있도록 허가 받은 사람. 축구협회의 추천에 따라 엄밀히 심사하여 임명함.

기술 지역 technical area
경기와 특별히 관련된 기술 요원과 교체 선수들의 좌석을 지정한 장소.

니 킥 knee kick
공을 무릎으로 받아 넘기는 킥으로, 골 앞에서 주로 행하여진다.

다이렉트 킥 direct kick
공중으로 날아오는 공이나 굴러 오는 공을 정지시키지 않고 그대로 차는 킥.

다이렉트 패스 direct pass
공을 정지시키지 않고 한 번의 터치로 연결하는 패스.

대각선식 심판법 diagonal system of control
경기장을 대각선으로 움직이며 수

행하는 주심의 심판법으로 올바른 판정을 내리기 위해 주심으로부터 먼 쪽의 터치라인을 각각 분담하는 2명의 부심과 협력한다. 보편적인 심판법이었으나 현재는 S자형 심판법도 많이 사용되고 있다.

더블유 엠 시스템 WM system
근대 축구의 기본적인 시스템으로, 스리 백 시스템에서 포워드 5명이 W자형으로 위치하고 사이드 하프 2명과 수비수 3명이 M자형으로 위치하는 시스템. '더블유 엠(WM) 포메이션'이라고도 한다.

더블 스토퍼 double stopper
공격하는 상대 팀의 중심 선수에게 2명의 수비수를 마크시키는 경우, 이 2명을 일컫는 말이다.

더블 킥 double kick
오버헤드 킥 등을 할 때 한 발을 공중으로 올렸다가 내리는 반동을 이용하여 다른 발로 차는 킥을 말한다.

드리블 어택 dribble attack
개인 기술이 월등히 뛰어날 때 흔히 사용되는 전법으로, 상대 팀의 수비 진영을 뚫고 들어가 골인을 시도하는 공격 기술.

레퍼리 볼 referee ball
경기 도중 선수가 부상 당하거나 그 밖의 이유로 경기가 중단되었을 때 경기를 재개하는 방법으로 주심이 공을 허리 높이에서 떨어뜨려 땅에 닿으면 인 플레이가 된다.

로빙 볼 lobbing ball
느리고 큰 호(弧)를 그리면서 나는 공을 말하며, 흔히 공격할 때 상대 진영으로 공을 띄우거나 상대 팀의 백 라인 뒤로 패스를 할 때 사용된다.

리베로 libero
위치가 고정되어 있지 않은 '자유로운 선수(free man)'라는 뜻으로 수비 위치에 있다가 공격 때는 공격에 가담하는 선수를 말한다.

링크 맨 link man
주로 하프 백을 의미하며 경기의 상황을 판단해서 공격과 수비를 연결하여 자기편의 공격 체계를 잡아나가는 핵심적인 선수.

마크 mark
상대에게 접근하여 상대방이 자유로운 플레이를 하지 못하도록 방해하는 행위.

매스 드리블(mass dribble) 전법
19세기 오프사이드 규정이 엄격할 때 주로 드리블에만 의존하여 공격하던 전법.

맨투맨 man-to-man
수비측의 한 선수가 공격측의 한 선수를 마크하는 수비 전법으로 전술 중의 기본 전술이다.

백 라인 back line
수비수 전원의 방어 진형을 말한다. 스리 백 라인이나 포 백 라인 등 방어의 최종 포진을 말하는 경우도 있다.

볼트 시스템 bolt system
수비를 튼튼히 하는 데 목적을 둔 전법으로, 맨 앞에 있는 상대방의 센터 포워드를 수비측 선수 2명이 빗장을 걸듯 뛰어들어 막는 전법.

부심(副審) assistant referee
양쪽 터치라인을 따라 배치된 2명의 심판으로서 주심을 보좌한다. 깃발을 하나씩 들고 그것을 오르내림으로써 주심과 선수에게 신호를 한다.

블로킹 blocking
상대 선수를 방해하는 일. 공과는 별개로 방해하면 어브스트럭션 (abstruction) 반칙이 됨.

삼각 패스 triangle pass
공격 시에 많이 이용되는 패스의 기본형이다. 마크해 오는 상대를 따돌리기 위해 한 차례 자기편 선수에게 공을 패스해 준 다음 상대편 방어진을 뚫은 후 다시 패스를 받는다.

섀도 드리블 shadow dribble
공을 갖지 않고 뛰는 사람의 행동에 따르면서 하는 드리블. 일종의 드리블 연습 방법이다.

섀도 런닝 shadow running
앞의 사람이 여러 가지의 런닝을 하고 뒤에 쫓는 사람은 앞 사람을 흉내 내면서 뛴다. 순발력을 기르기 위한 연습의 일종.

서든 데스 sudden death
승부를 가려야 하는 토너먼트와 같은 경기 방식에서 전·후반을 통틀어 승부가 가려지지 않았을 경우 연장전에서 먼저 골을 넣는 팀이 승리하는 제도.

선수 교체 member change
경기에 출전하고 있는 선수를 도중에 교체하는 것으로 FIFA, 대륙 연맹, 국가 협회 등에서 주관하는 공식 경기에서는 경기 중 최대 3명까지 교체할 수 있다.

세트 플레이 set play
프리 킥이나 코너 킥에서 공격 팀 선수들끼리 골을 넣기 위해 펼치는 플레이.

속공(速攻)
상대방이 수비 태세를 갖추기 전에 재빨리 공격하는 방법. 롱 패스나 킥 앤드 러시가 사용된다.

숏 패스 시스템 shot pass system
자기편끼리 가까운 거리에서 주고 받는 패스로 이 패스는 주로 공격할 때 많이 사용된다.

숏 펀트 short punt
공을 공중으로 낮게 차 올리는 기술.

스루 패스 through pass
상대 팀의 선수들 사이를 뚫고 하는 패스로 상대 팀의 방어진을 꿰뚫는 패스의 일종.

스리 백 시스템 three back system
3명의 수비수를 두는 수비진의 형태이며, 센터 하프가 뒤로 물러서서 센터 백 구실을 하므로 수비를 튼튼히 하는 전술의 하나이다.

스위퍼 sweeper
수비진의 최후방을 전문적으로 지키는 선수로 가장 위험한 곳을 커버하는 일을 맡은 예비 수비수. 공을 청소한다는 뜻에서 붙여진 이름이다. 4·2·4에서 발달했음.

스윙 swing
공을 차기 위해 다리를 흔드는 동작.

스토퍼 stopper
상대방의 중심 선수(주로 센터 포워드)를 철저히 마크해서 상대방이 시도하는 공격을 처음부터 좌절시키

는 역할을 맡은 선수.

시스템 system
골키퍼를 제외한 10명 선수의 포진과 움직이는 방법에 대한 기본 개념. WM 시스템, 4·3·3 시스템, 4·2·4 시스템 등이 있다.

어드밴티지 룰 advantage rule
반칙을 범한 팀에 반칙을 주어 경기를 중단시키면 오히려 그 팀이 유리해진다고 판단될 때 주심은 그 반칙이나 위반을 벌하기 위해 경기를 중단하지 않고 그대로 진행시키는 규칙. 경기 전체의 진행 상황을 잘 보고 정확한 판단을 내리도록 요구되는 규칙이다.

어소시에이션 풋볼 association football
축구의 정식 명칭이다.

어시스트 assist
득점하기에 알맞은 위치에 있는 자기편 선수에게 공을 패스하여 골로 연결될 수 있게 하는 것.

오버래핑 overlapping
수비수나 미드필더(midfielder)가 전방으로 나가 일시적으로 재빠르게 공격에 가담하는 행위.

오프사이드 트랩 offside trap
고의로 상대방을 오프사이드되게

하기 위하여 쓰는 전법으로 매우 지능적인 플레이다. 잘못 사용하면 자기편에 절대 위기가 온다.

오픈 스페이스 open space
자기편도 상대편도 없는 빈 곳으로 패스의 코스가 된다. 방해 받지 않고 패스를 받기 위해서는 마크를 벗어나서 이곳으로 뛰어들어야 한다.

오픈 플레이 open play
공을 길게 차서 선수들이 모이지 않는 곳으로 범위를 넓히는 플레이.

원사이드 컷 oneside cut
마크할 때 그 상대가 패스를 보낼 수 있는 방향을 제한하는 방법. 특히 3:2와 같이 공격하는 팀의 선수의 수가 많을 때 그 공격을 막는 데 중요하게 쓰인다.

윙(wing) 전법(戰法)
터치라인을 따라 드리블로 공을 운반하여 골 라인 부근에서 센터링을 하는 골과 연결시키는 전법.

인터셉트 intercept
상대편의 패스 방향을 간파하여 패스되는 중간에 공을 가로채는 것.

주심(主審) referee
부심의 도움을 받아 경기의 원활한 진행에 힘쓰고 쟁점(爭點)을 해결하고 경기 결과에 대해서 최종 판정을 내리는 사람으로서 절대적인 권한을 갖는다.

지역 수비 zone defence
특정한 상대를 정해서 마크하는 것이 아니라 각자가 수비해야 할 지역을 미리 정해 놓고 방어하는 방법.

직접 프리 킥 direct free kick
키커(kicker)가 찬 공이 다른 경기자에 닿지 않고 그대로 골인되어도 득점으로 인정되는 프리 킥이며, 핸들링 반칙 등 10종목의 반칙이 있을 때 주어진다.

찬스 메이커 chance maker
적절한 판단으로 득점으로 연결되는 패스를 보내는 선수를 말한다.

커버링 covering
자기편이 수비에 실패할 경우를 대비하거나 공격에 참가해서 자기편 선수를 지원할 경우 후방에서 자기편 선수를 도와주는 것.

콤비네이션 플레이 combination play
패스 등으로 자기편 선수들끼리 결합된 일정한 형의 플레이로 골 킥, 코너 킥, 프리 킥, 스로인, 킥 오프 등에서 사용된다.

컨트롤 control
공이나 자기의 몸을 뜻하는 대로 움직이거나 처리하는 일.

키프 keep
공을 자신의 컨트롤 아래 두는 것. 자신이나 자기편끼리 공을 계속 점유하는 것.

킥 앤드 러시 kick and rush
상대방이 없는 장소에 공을 길게 차 주면 포워드가 쫓아가 빠르게 공격을 전개하는 방법. 체력이 강한 팀이 사용하는 효과적인 전법.

킥 오프 kick off
경기의 개시나 득점 후의 경기 재개 등 경기를 개시 또는 재개할 때 공을 경기장 중앙 센터 마크에 놓고 경기를 시작하는 것을 말한다.

투 백 시스템 two back system
2 FW형, 포진은 풀백 2명, 하프 3명, 포워드 5명이며, 1930년까지의 포진이었다. 지금도 유소년 팀 등에서 사용되고 있다.

트라이앵글 패스 triangle pass ☞ 삼각 패스.

트릭 플레이 trick play
프리 킥 등에서 득점을 목표로 상대 팀의 판단을 혼란시켜 속이는 플레이.

트래핑 trapping
스토핑의 응용 동작으로 굴러 오거나 날아오는 공을 발, 다리, 배, 가슴, 이 등으로 멈추게 하여 컨트롤하는 기술.

파울 스로 foul throw
스로인할 때 행해지는 부정 행위. 이때는 상대편에게 스로인이 주어진다.

펀트 킥 punt kick
골키퍼에게만 사용되는 것으로 잡았던 공을 땅에 떨어지기 전에 차는 킥의 방법.

패스 앤드 고 pass and go
자기편에게 패스한 뒤 즉시 비어 있는 곳으로 달려가 리턴 패스를 받기 쉽도록 준비하는 것. 패스 앤드 런, 패스 앤드 러시.

패스워크 passwork
패스로서 공격의 체계를 잡아가는 기술.

패싱 앵글 passing angle
상대편의 방해를 받지 않고 자기편에게 패스를 보낼 수 있는 각도. 상대가 접근할수록 각도가 좁아진다.

포메이션 formation
공격이나 수비에 대한 팀 특유의 대형이나 움직임을 말함.

포워드 라인 forward line
포워드들이 구성하는 공격 위주의 포진. 옆으로의 일렬이 아니라 W자 형으로 위치하는 것이 보통이다.

포스트 플레이 post play
상대편 골 앞에 공격 선수가 위치하여 센터링한 공을 그 자리에서 논스톱이나 헤딩으로 슈팅하여 득점을 올리려는 플레이.

플레이스 킥 place kick
킥 오프 등 정지해 있는 공을 차는 일.

플레이 온 play on
경기를 계속해서 진행하는 것. 경기 중 반칙이 있었으나 어드밴티지 규칙을 적용하여 주심이 경기를 중단시키지 않고 속행하는 일.

피파 FIFA
국제축구연맹. Fédération Internationale de Football Association의 약칭으로 스위스에 본부가 있음.

해트 트릭 hat trick
한 명의 선수가 한 경기에서 혼자 3골을 넣는 것.

홈 앤드 어웨이 home and away
리그전에서 자기 나라의 홈 그라운드에서 경기를 하고 상대 팀 나라의 그라운드에서 다시 한 번 경기를 하는 경기 방법.

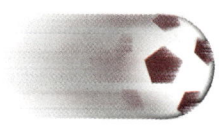

축구 기본 기술·전술

편저자	스포츠서적 편집실
감 수	이 우 현
발행자	남 용
발행소	일신서적출판사
주 소	121-855
	서울시 마포구 신수동 177-3
등 록	1969. 9. 12.(No.10-70)
전 화	(02)703-3001~5(영업부)
	(02)703-3006~8(편집부)
FAX	(02)703-3009(영업부)
	(02)703-3008(편집부)

ⓒILSIN PUBLISHING Co. 1994.
ISBN 89-366-1091-0   값 14,000원

www.ilsinbook.com